Heilendes Herz

Ein frischer Frühlingsmorgen, Morgentau, Vögel zwitschern, im Wienerwald im Westen Wiens.

Erwartung einer schönen Zeit,

Am Weg zu einer Haltestelle: zufälliges Treffen von meiner Mutter und mir.

„Grüß dich Mutter!"

„Ja Grüß dich Sara, gut, dass ich dich treffe, wie geht s dir denn?

Scheu und vorsichtig sage ich: „Danke gut, und dir? Es geht schon, alles in Ordnung" ist die Antwort meiner Mutter. Nach einer kleinen Pause:" Ich kann die nächste Vorstellung meines Abonnements in der Kammeroper nicht besuchen, da ich auf Reise bin. Möchtest du statt mir gehen? Es ist eine so tolle Aufführung einer Mozartoper!"

Zögerlich sage ich zu, ich weiß, wenn ich einmal zugesagt habe, kann ich das nicht mehr ändern. Ich muss mir also ganz sicher sein, ob ich diese Karte in Anspruch nehmen will und kann.

Da es sich um eine Mozartoper handelt, merke ich, dass ich es unbedingt möglich machen will. Sonst unorganisiert, mache ich mich auf die Suche nach jemandem, der inzwischen bei meinem acht jährigen Sohn bleiben kann, und am Nachmittag vor der Vorstellung schaue ich, dass alles wirklich gut erledigt ist. Es ist aufgeräumt, die Hausaufgaben erledigt, die Jause ist gemacht, ich bedanke mich bei meiner Tochter, dass sie einspringt, und ziehe mich schön an. Sie ist es, die es mir in den außergewöhnlichen Abenden zu Hilfe kommt. Sonst habe ich niemanden, bei dem er bleiben würde. Ich bin ihr sehr dankbar. Sie ist schon erwachsen und bewohnt eine eigene Wohnung.

<u>Szene. Ich erreiche zu Fuß und alleine die Kammeroper</u>

Ganz alleine bin ich da, in der Kammeroper, ohne Begleitung, ich schau die an, die in Begleitung gekommen sind, und in meinen Augen ein vollständiges Leben führen.

Ich setze mich in die letzte Reihe, und die Oper Titus beginnt.

<u>Szene: ich sitze in der Musik :</u> Titus von Mozart, der Zuschauer lernt durch erste Schlüsselszenen den Charakter von Titus kennen.

ERSTER AUFZUG

ERSTER AUFTRITT
Das Theater stellt ein prächtiges Zimmer der Vitellia vor. Wie der Vorhang aufgeht, sitzt sie auf einem Ruhebett. Während dem Ritornell tritt sie in Nachdenken versunken hervor. Dann kommt Sesto.

VITELLIA
Der Rache Stunde schlägt
Ein Wink, von mir, und Titus
Stürzt vom Thron herab.

Sesto kommt ganz niedergeschlagen.

VITELLIA
Sesto! warum so traurig?
Verlischt dein Mut so schnell?

SESTO
für sich
O Götter! -
laut
Nein,
was du willst, geschehe
Schon harret Lentulus des Winkes -

VITELLIA
Und dennoch zauderst du so lange?
Soll den Thron, der mir gebührt,
Mit Titus eine Fremde teilen?
Wird Berenice seine Gattin,
Dann, freier Römer - bist du Sklave
Du schweigst? - Wo ist der Stolz der Römer,
Der ehmals Nationen beugte?

SESTO
Du hast mein Herz, dir schwur ich Rache,
Nur zeige einen Flecken mir,
In Titus grosser Heldenseele:
Nur einen Makel, und ich opfre

Ihr heute noch dem schwarzen Orkus.
Rom nennt ihn seinen Vater,
Die Edlen ihren Freund,
Die Unschuld ihren Schützer;
O leugne diese Wahrheit,
Und lächelnd mord' ich ihn.

VITELLIA
Des Vaterlandes Wohl
Verlangt ein solches Opfer.

SESTO
Ach; Titus ist mein Freund.

VITELLIA
Ein Brutus stürzte den Tarquin
Ein Cäsar fiel durch Brutus Dolche,
Willst du kein dritter Brutus sein?
feierlich
So krieche in den Sklavenkittel,
Und beuge dich vor seiner Grösse,
Ich trete weinend auf die Seite
Denn Rom hat keinen Römer mehr.

Will ab.

SESTO
sie aufhaltend
Bleib - du folterst meine Seele,
Deine Liebe ist mein Alles,
Und dein Wort sei mir Befehl.

VITELLIA
Teurer! - so bin ich dein Lohn.

Feurige Umarmung

Duett

SESTO
Fordre nach Gefallen
Lenke meine Schritte,
Jeden meiner Tritte,
Weih ich Teurer dir.

VITELLIA
Eh noch die Sonne schwindet,
Will ich, dass Titus blute,
Wisse, mit frechem Mute,
Raubt' er den Szepter mir.

SESTO
Deine Wut bringt mich von Sinnen

VITELLIA
Wann wird die Rach' beginnen?

SESTO
Ach, einen Blick der Liebe,
Für meine Treue mir.

BEIDE
Feindselige Begierden
Zerreissen unsre Herzen,
Von dieser Wunden Schmerzen
Befreit uns nur der Tod.

Sie wollen abgehen.

ZWEITER AUFTRITT
Annius kommt ihnen entgegen; die Vorigen.

ANNIUS
Endlich find' ich meinen Freund;
Sesto! folge mir zum Kaiser,
Denn er wünschet dich zu sehn.

VITELLIA
Eile jetzt zu seinem Throne,
Sieh, wie er der Stolzen huldigt -

ANNIUS
Du irrest dich an Titus Seele,
Er, der die Feinde stets besiegt,
Weiss auch sich selber zu besiegen.
Ich war des schönen Abschieds Zeuge;
Indem ich dieses euch erzähle
Ist Berenice schon von hier.

VITELLIA
für sich
Ach! meiner Rache Hoffnung schwindet
laut
Hätt' ich sie doch gesehn,
Wie sie mit stolzem Blicke
Dem liebekranken Titus
Das Lebewohl versagt.

ANNIUS
Noch nie war sie so zärtlich
Sie wusste sich geliebt,

Doch sah sie auch das Opfer,
Das Titus seinem Volk
Und seinem Herzen brachte.
Gebeugt, und weinend standen sie,
Der Held ermannte sich zuerst,
Besiegte seine Leidenschaft,
Und Berenice reis't aus Roms Gebiete.

VITELLIA
zu Sesto
Noch fesselt Staunen meine Zunge
Verzögre noch des Aufruhrs Ausbruch.

SESTO
der während Annius spricht in grosse Bewegung gerät, leise zur Vitellia.
Vitellia! bin ich der Ball
Mit dem der lose Knabe spielet?
Ist dies die so gepriesne Liebe
Die mich -

VITELLIA
ihn unterbrechend
Schweig, Unbesonnener!
Willst du des Weibes Herz ergründen?
Ich liebe dich, das schwur ich dir,
Und nun hinweg mit allen Zweifeln.

Arie

VITELLIA
Wenn du mich liebst, so rede
Nicht mehr in diesem Ton,
Lass diese läst'ge Fehde

Schon hab ich sie genug.
Wer ohne Misstraun wandelt,
Wird redlich auch behandelt
Wer stets Betrug nur fürchtet,
Lockt selbst uns zum Betrug.

Ab.

Immer mehr lerne ich durch seinen Charakter, wie sehr er vergibt, und habe das Gefühl, Mozart selbst spricht durch diese Rolle zu mir. (Darstellung der Innenschau meiner Gedanken)

Nach 18 Jahren selbstauferlegtes und doch durch meine Mitwelt nötig gewordenes Schweigegelübde komme ich zu Tito. Seine gnadenlose Milde bringt nicht nur mich zum Sprechen, sondern erlaubt es, endlich, dem aufgestauten Strom an Geheimnissen an die Oberfläche zu kommen. Du bist Ursache und Wirkung zugleich.

Hier gibt es ein *flash back*:

Sara hört Angelo zu. Er erzählt gerade, dass er nicht weiß wer er jetzt ist, aber einige seiner Vorleben kennt. Eines war Mozart. Er hat es ihr erzählt, nachdem er sie eine Romanze von Mozart vorspielen gehört hatte. Sie fühlten sich unsagbar wohl in desanderen Gegenwart.

Dieser Dialog wird von finsteren Gedanken unterbrochen. Finster deshalb, weil sie schweigen, musste, wie mir schien, denn alles wurde sofort gegen sie verwendet.

DRITTER AUFTRITT
Sesto und Annius.

ANNIUS
Nun Freund, noch eine Bitte
Schon lang' lieb' ich Servilien;
Nur aus der Hand des Bruders,
Will sie die Hand des Gatten.
Du selbst versprachst sie mir,
Du eilest jetzt zu Titus.
Wirst du dein Wort erfüllen,
Und dich für mich verwenden?

SESTO
Stets war mir Freundschaft heilig,
Ich schätze, liebe dich;
Dies Bündnis ist mein Wunsch
Ich gehe jetzt zu Titus,
Freund, bald bring ich dein Glück.

Duett

BEIDE
Nimm diesen Kuss zum Pfande
Der treusten Liebe, Freund!
Wie sehnt mich's nach dem Bande,
Dass enger uns vereint.

Beide ab.

In Tito höre ich Mozart selber sprechen, und irgendwie spricht nun auch Angelo zu mir. Tränen schießen mir in die Augen! Wie gebannt höre ich jedem Wort, das er spricht, zu.

Meine Gedanken wandern in die Vergangenheit, wo ich diesen Menschen sehr lieben gelernt hatte.

Ich komme an sehr finsteren Zeiten vorbei, (ich war allein, traurig verlassen, ohne Hoffnung)

Flash back : Traum von Angelo: es ist ein sich bewegendes Bild. Er liegt in seiner für ihn üblichen Pose (ausgestreckt auf seinem Rücken und die Hände hinter seinem Kopf als Stütze). Er lächelt Sara an schräg in Richtung seiner Füße. Es ist ein feines echtes Lächeln, das doch 20 sec. vielleicht anhält, und doch wie gewollt, extra für sie.

Das ist alles. Das Schweigen, das sie eigentlich aus Furcht tat, um von den Menschen nicht verurteilt zu werden, wollte ich nun, da Tito mir so großmütig vergeben hatte, und er war doch der höchste in seinem Land, Angelo zu Liebe, und aus Verantwortung ihm gegenüber auf die eine oder andere Art brechen.

Die Rührung über diesen großartigen Charakter ist so tiefgreifend, dass es endlich geschehen soll. Es fällt mir ein, dass Liebe immer Recht hat. Die Erinnerung schwimmt in die Oper herein und passt ganz genau auf den Charakter von Angelo. Er hatte sehr viel Respekt vor all den Freunden und Bekannten und konnte gut vergeben.

Seine Worte waren sachte und bedacht und kamen aus seiner inneren Überzeugung und Erfahrung.

Flash back: Die Zeit, wo sie einander kennengelernt hatten: der zweite Traum von Angelo: er kommt als eine Art Hercules, oder Superheld vom Himmel in sehr großer Geschwindigkeit auf Sara zu. Sie ist eine Fußgängerin an einem milden Tag auf einem Gehsteig. Sie sieht ihn aus der Luft auf sich herabstürzen, und sehr große Angst überfällt sie. Sie drückt sich in höchster Not in die Stufe, die auf die Ebene der Straße hinabführt.

Wie ein Raubvogel stürzt er genau auf sie zu, sie verfolgt noch, wie aus seinem linken Knie ein Löwenkopf wächst, und ansetzt, zuzubeißen. Aus Angst wacht sie auf, …

Voller Erstaunen wandern meine Gedanken zurück in die Zeit, als wir uns zum ersten Mal getroffen hatten.

<u>SZENE: Altwohnbau: vielleicht 1993 oder früher.</u>

Ich bin seit wenigen Jahren verheiratet und habe eine kleine Tochter. Unsere Familie ist in einer Meditationsgemeinschaft von „guten Menschen". Ein junger Mann bietet an, uns auf eine Meditationsreise nach Prag mit dem Auto mitzunehmen. Mein Mann, der Gute, und Ich mit Baby oder Kleinkind werden von zuhause von diesem jungen Mann mit dessen weißem VW Oldtimer abgeholt. Ich spreche nicht. Mein Mann führt gekonnten smalltalk. Ich komme hinter dem Fahrer zu sitzen und bin von Beginn an mit Liebe zu jenem fremden Mann erfüllt. Ich habe das Gefühl, noch nie etwas Stärkeres gespürt zu haben. Die ganze Fahrt spreche ich nur das Nötigste und bin erfüllt von der Liebe, die zwischen dem Fahrer und mir fließt. Nach den Tagen in Prag, werden wir wieder vor unserer Haustüre abgesetzt, das gleiche Gefühl – die ganze Fahrt lang! Schüchtern bedanke ich mich fürs Mitnehmen, und wir sind wieder zuhause.

Der Alltag mit Baby ist ausgefüllt, und so bemerke ich erst allmählich, dass wir diesen Mann nicht mehr sehen.

Szene mit kleinen Alltagsaktivitäten einer Mutter mit Kleinkind. (Stress des Alltages, Einkaufen, putzen kochen, Gäste und immer das Kleinkind dabei!)

Überall wo ich zu einer der Meditationsveranstaltungen hinkomme, bemerke ich, dass ich Ihn suche- vergeblich. Schüchtern beginne ich mich zu erkundigen, bei Freunden, ganz vorsichtig,- ich geniere mich, und spreche ungern über die Dinge, die mich bewegen.

Ich erinnere mich, dass mir niemand wirklich Auskunft gibt, oder geben will. Auch weiß ich nicht einmal seinen Namen, durch Zufall habe ich aufgeschnappt, dass er ein Tennisspieler ist. Als ich mich nach dem Tennisspieler erkundige, wird geheimnisvoll abgewinkt. Es vergehen zwei Jahre. (ca.)

In einer Meditationsveranstaltung sehe ich ihn plötzlich als stillen Teilnehmer sitzen. Nach dem offiziellen Teil gehe ich voller Freude zu ihm, und bemerke schon aus dem Augenwinkel, wie die „Freunde und Bekannten" mir mit ihren Blicken abraten. Ich sehe es und muss dennoch zu ihm. Zu sehr hatte ich ihn vermisst. Es wird mir bewusst, wie heftig und verzweifelt ich zwei Jahre lang nach ihm gesucht habe. Jetzt stehe ich ihm gegenüber und niemand kann etwas dagegen tun.

„Hallo", sage ich zögerlich und vorsichtig und schüchtern und im siebenten Himmel zugleich.

„Wo warst du so lange, ich habe dich nie gesehen", ……

Seine Blicke gebieten mir ebenfalls vorsichtig zu sein.

Angelo sagt :„ Ich war zwei Jahre lang in einer geschlossenen Anstalt.:" Ich kann mich sehr schlecht orientieren, ich vergesse schnell. Es ging mir sehr schlecht. Nur **ein** Freund hat mich besucht, ich hätte mich über Besuch gefreut." Langsam und knapp, sehr leise, und anscheinend darauf bedacht möglichst unauffällig zu sein, kommen die Worte aus ihm.

Ich bin erschüttert, und bemerke jetzt, dass er ganz blass und dünn ist.

Während nun das allgemeine Plaudern, Freunde und Verwandte einander begrüßen und sich freuen, dass sie sich wiedersehen, ist er offensichtlich fest entschlossen, die Veranstaltung sofort zu verlassen, er strebt dem Ausgang entgegen, und ist schon dabei sich die Schuhe anzuziehen. Ich bin jetzt noch nicht bereit ihn gehen zu lassen, und beeile mich auch meine Schuhe anzuziehen. Wir verlassen die Veranstaltung. Er ist damit beschäftigt sich auf seinen Weg zu konzentrieren, und erklärt mir: „ Ich habe Mühe mein Auto wiederzufinden, bin nicht recht zurechnungsfähig, und habe meinen weißen VW Oldtimer zu Schrott gefahren, als es mir so schlecht ging."

In der Liniengasse finden wir sein winziges gelbes Auto. Er sagt: „

Ich bringe dich gerne heim, denn es liegt ohnehin auf meinem Weg nachhause."

Natürlich bin ich sehr schockiert, von seinem schwierigen Leben, da ich ja voll von Liebe zu ihm bin, vertraue ich ihm, ich kann nicht anders. Ich zwänge mich hinten hinein, und er fährt mich schweigend nachhause. Alles ist gut gegangen.

(Das erfahren wir als gedankliches Selbstgespräch) Ich fühle extreme Dankbarkeit ihn wiedergefunden zu haben. Ich möchte ab jetzt wenigstens für ihn da sein. Ich möchte, dass er das alles, was ich als Vermissen in den letzten Jahren empfunden habe, ihm an Zuneigung entgegenbringe.

Szene zurück in der Kammeroper.
(meine Gedanken spielen in die Oper hinein):

VIERTER AUFTRITT
Die Bühne stellt einen öffentlichen Platz in der Gegend des Capitols vor. Im Hintergrund stehen die Gesandten der zinsbaren Provinzen, im Begriff dem Senat den jährlichen Tribut zu überbringen. Titus kommt vom Capitol herab. Vor ihm gehen die Liktoren, um ihn herum die Senatoren, dann folgt Publius mit der prätorianischen Leibwache, Metellus mit den Soldaten, endlich das Volk. Marsch. Wenn der Kaiser im Vorgrund des Theaters ist, beginnt der Chor.

CHOR
O schützt, o schützet lange.
Gerechte gute Götter
In Titus unsern Retter,
Den Stolz der Nation.

Zu Ende des Chors kommen Annius und Sesto zu verschiedenen Seiten.

PUBLIUS
Vater des Vaterlands! sei uns gegrüsst!
Diesen Nahmen erteilt dir in Zukunft
Der Senat, das Heer und das Volk.

METELLUS
Der Senat hat beschlossen, o Herr!

Dir einen eignen Tempel zu bauen;
Von den Ufern der gelben Tiber
Soll unsers Titus geheiligter Name
Aus seinem Heiligtume erschallen.

Das ganze Heer schlägt mit den Schilden zusammen.

ALLE.
Heil sei unserm Schutzgott Titus.

Arie

TITUS
Mehr als Triumphe beglückt mich die Liebe
Die mein treues Volk mir schenkt,
Dieses Zeichen edler Seelen
Lohnt kein Thron der Welt.
Welche Wonne fühlt die Seele
Sich vom Volk geliebt zu sehn,
Freude gibt mir der Gedanke,
Vater meines Volks zu sein.

PUBLIUS
Sieh hier der besiegten Völker Gesandte,
Sie bringen der Unterwürfigkeit Opfer;
Es werde zum Bau deines Tempels verwendet.

TITUS
Zu viel der Liebe, edle Römer!
Wie kann ich soviel Treue euch lohnen.
Zu weit steht hinter dem Willen die Tat.
Doch nehm ich den Antrag mit Dankbarkeit an,
Erlaubt mir nur die eigne Verwendung,

Vernehmt in Kurzem meine Wünsche;
Capuas Bürger sind in Verzweiflung,
Des Vesuves schrecklicher Ausbruch
Bedeckte die schönen Gefilde mit Lava;
Traurig, verlassen irrt Capuas Bürger
Unter verschütteten Mauern umher;
Und ihr wollt einen Tempel mir bauen,
Wo tausend Bürgern der Hungertod droht?

METELLUS
Ha! ich errate deine Empfindung.

PUBLIUS
Es geschehe nach deinem Willen
Mehr, wie aus Tempeln, töne dein Ruhm
Aus dem Munde geretteter Bürger.

TITUS
Und nun genug des schmeichelnden Lobes,
Säumt euch nicht mit dem Werke der Liebe,
Geht, und vollzieht eures Herzens Wünsche.
Du Sesto, - du Annius - nähert euch mir!

Unter dem obigen Marsch gehen alle ab, ausser Titus, Sesto und Annius.

SESTO
Ich bewundre deine Grossmut,
Doch erlaube eine Frage,
Wie vermag dein weiches Herz
Von Berenicen sich -

TITUS
O schweige!
Noch blutet diese Wunde,
Zu neu ist noch mein Schmerz -
Aus meines Landes Töchtern
Wähl' ich die Gattin mir,
Sesto! edel ist dein Stamm,
Er soll mir die Gattin geben,
Meine Wahl trift deine Schwester.

SESTO
erstaunt
Meinst du Servilien?

TITUS
Ja - sie.

ANNIUS
für sich
Mein Leben ist mir Tod!

TITUS
zu Sesto
Du bist zerstreut - verwirrt,
Missfällt dir meine Wahl?

SESTO
verlegen
Ach nein - dies seltne Glück,
Macht schwindeln meinen Kopf.

TITUS
Entdecke mir dein Herz;
Dich presst ein heimlich Leiden.

SESTO
für sich
O unglückselger Schwur!

ANNIUS
für sich
Ich bin gefasst - die Pflicht
Erheischt ein grosses Opfer.
laut
Erlaub', dass ich nun spreche,
Mein Freund vermag es nicht
Bescheidenheit hat keine Worte.
Servilia ist der Krone würdig,
Und sie wird an deiner Seite,
Mutter ihrem Volke sein.

TITUS
Du sprachst aus meiner Seele.
Geh jetzt zu Sesto Schwester,
Entdeck' ihr meine Wünsche.
Annius geht betreten in dem Hintergrund
Und dir, mein Sesto, dank ich,
Für dein bescheidnes Schweigen
Es bürgt für dein Verdienst.
Du sollst in meinem Reiche
Nach mir der erste sein.

Duett

SESTO
Grosser Fürst! ach wie verdien' ich
So viel Gnade, so viel Liebe?

TITUS
Die Verdienste zu belohnen
Macht das Herrschen angenehm.

BEIDE
Ach mir pocht das Herz vor Wonne
Endlich fand ich doch am Throne

TITUS
Einen treuen edlen Freund,

SESTO
Einen grossen edlen Freund.

Beide gehen ab.

„Vielleicht habe ich einen winzigen Gedanken daran, warum mir niemand sagen wollte, dass er so krank gewesen war. Diese Frage kann ich bis heute nicht beantworten. Man kann diesen Umstand vermutlich damit erklären, dass ich nie auf diese Art in die Gesellschaft eingebunden war, nämlich, dass ich in die Gerüchteverteilung eingebunden geworden wäre. Ich erfuhr die Dinge immer erst als letzte, wenn überhaupt. Es mag an meiner extremen

Unsicherheit gelegen haben, oder es hat mir einfach niemand vertraut."

<u>Szene zurück in die Vergangenheit:</u>

Wir leben damals innerhalb eines netten Freundeskreises. Auch Angelo befindet sich gerne in Gesellschaft, er braucht Menschen genauso, wie andere Menschen auch.

Die Freunde, es sind durchwegs Studenten der Musik ein Komponist, eine Schauspielerin, ihr Mann: Student der Medizin, und noch ein junges Ehepaar, die Schauspieler sind.

Wir treffen uns zu einem Spaziergang im Schloßbrunner Schlosspark. Es ist ein warmer freundlicher Spätfrühlingsnachmittag. Angelo ist auch da. Jeder amüsiert sich in Gegenwart eines Gesprächspartners. Mein Mann hat ein Projekt mit einer Schauspielerin, unterhält sich sehr mit dem Komponisten (ganz jung, er geht noch in die Schule, und wird als fast Genie gehandelt) und ich kümmere mich um Angelo. Wir gehen etwas weiter hinten, sprechen nicht viel, sind damit beschäftigt unsere Gefühle, die extrem stark sind, für uns zu behalten. Ich versuche, ihm einen guten Platz in unserer Gesellschaft zu ermöglichen. Höre ihm zu, wenn er über seine Erfahrungen in der Meditation spricht, und immer wieder feststellt, dass sie ihm hilft, seine psychischen Probleme zu verkleinern. Voller Liebe schaue ich ihn an und bin völlig damit beschäftigt, ihm alle Liebe zu schenken, und die Energie der Meditation zu ihm zu bringen.

Nach dem Spaziergang laden mein Mann und ich die, die wollen zu uns ein. Es sind diesmal die Schauspielerin (Dani) mit ihrem Medizinstudenten (Herbert), und der junge Komponist (Florian) mit seiner Musikerin- Freundin (Susi).

Ich koche für alle Lachsspaghetti. Ich beschränke mich auf meine Rolle als Köchin und Serviererin, freue mich, wenn es allen schmeckt, und kümmere mich um meine kleine Tochter. Mein besonderes Anliegen ist es, dass Angelo sich wohl fühlt. Ich bemühe mich, dass er auch jemanden zum Unterhalten hat, und die größte Liebe bekommt er mit seinem Teller Lachspaghetti ab. Ich bemerke, wie Angelo schweigend dasitzt, und so den Abend verbringt. Als ich mich zu ihm wende und frage, ob ihm die Musik meines Mannes gefalle, antwortet er:

„Ich bin an dir interessiert, nicht an deinem Mann!" Ich war so eine Aussage nicht gewohnt. Denn alle waren an meinem Mann interessiert.

An diesem Abend verabschiedet er sich höflich, auch von meinem Mann, doch ich kann erkennen, dass er sich nicht wohl gefühlt hat. Die anderen Gäste benehmen sich ab jetzt glücklich und ausgelassen. Ich bin beunruhigt, habe ein schlechtes Gefühl, einen schlechten Nachgeschmack. Es ist das Gefühl, dass die Liebe und das Wohlwollen nicht auf die rechte Weise fließen konnten.

Szene im Theater des Lycee francais in Wien 9:

Mein Mann und ich kommen zu dieser Vorstellung von einer uns persönlich bekannten Theatergruppe. Sie besteht aus Studenten. Wir treffen die schon bekannten Künstlerfreunde und eine Reihe ähnlich gesinnter junger Menschen, die etwas „Gutes Künstlerisches" machen wollen. Ich setze mich in die letzte Reihe, und plötzlich setzt sich Angelo neben mich. Während ich die Vorstellung ansehe, geht meine Liebe zu Ihm. Ich sehe, dass auch er ganz innen glücklich ist, bei mir zu sein. In der Pause ist Angelo verschwunden. Ich mache mir Sorgen und gehe hinaus auf die Straße. Die Schauspielerin Dani kommt mit mir, und wir finden ihn im nahegelegenen Cafe, er trinkt eine Melange und spricht wenige Worte mit Dani. Er beachtet mich gar nicht. Das verunsichert mich in dem Moment. Er kommt nicht mit in die zweite Halbzeit. Diese Erfahrung zeigt mir, wie sehr ich ihn brauche und von ihm geliebt werden möchte.

Szene der Geburtstagsparty für meine Tochter:

Sophie feiert ihren 3. Geburtstag. 5 Freundinnen sind gekommen, und ich mache Spiele mit ihnen. Jetzt ist der Sesseltanz dran. Auch steht die Geburtstagstorte da, es ist bunt geschmückt, und ich trage ein wunderschönes weinrotes Kleid, knielang, wirklich sehr festlich. Es läutet an der Türe. Ich höre bei der

Sprechanlage, dass es Angelo ist. Ich laufe die Stiege hinunter, und sehe einen strahlenden Mann. Er freut sich sichtlich über meinen Anblick, und überreicht mir einen Strauß roter Rosen. In einem roten Blumenpapier. Ich bin überwältigt. Ich bedanke mich *und sage:*

„wir können uns bald sehen, gerne, doch jetzt muss ich zurück zur Feier für die Kinder!" Ich gebe ihm ein Bussi auf die Wange, und laufe die runden Stiegen wieder hinauf in den zweiten Stock, zur Feier.

<u>Szene in Gesellschaft mit den Meditierenden: in einem Garten :</u>

Angelo plaudert mit mir: „Da meine Gedanken gelesen werden, ist es manchmal oder öfter so, dass in der Öffentlichkeit Hinweise auf mich kommen. Ich kann mich leider von diesen Gedankenlesungen nicht zurückziehen. Ich führe das auf meine psychische Erkrankung zurück. Ich staune ihn an. Ich verstehe seine Worte. Doch es ist totales Neuland für mich. Ich habe noch nie zuvor von solchen Zuständen gehört. Ich kann mir nicht vorstellen, dass das wirklich sein kann. Ich liebe ihn. Ich sehe ihn liebevoll an und spreche kein Wort. Ich liebe ihn einfach.

Unsere Familie verbringt das Wochenende in Waldach am Kamp. Wir alle lieben die Uroma von meiner Tochter. Dort ist alles alt und klein und gemütlich. Die Stimmung ist: Ferien. Es gibt ausladendes spätes Frühstück. Es sind die Cousinen meines Mannes da, sein reicher Onkel, seine Mutter und Tante. (also 3 der 4 Kinder der Uroma), die in ganz Waldach beliebt ist. Wir machen einen Spaziergang im weich geformten Hügelland und kommen am Abend zurück haben ein kleines Abendessen und schalten dazu den

Fernseher ein. Es soll ein Theaterstück im Fernsehen sein.

Es gibt einen Senderausfall. Eine Weile gibt es nur Rauschen. Dann kommt die Sprecherin ins Bild und verkündet: „Dank an den Techniker Angelo, der den Schaden nun behoben hat." Natürlich erinnert mich die Erwähnung Seines Namens an ihn!

Die Sendung wird fortgesetzt. Am nächsten Tag vereinbare ich, dass ich mit dem reichen Onkel vorzeitig nach Wien fahren kann. Es ist der ausdrückliche Wunsch meines Mannes.

Ich wundere mich, wie fein das alles wie am Schnürchen läuft. Schnell und schmerzlos verläuft der Abschied. Als ob alles von einer geheimen Macht geleitet wird, fahren wir in seinem Volvo in extremem Tempo nach Wien. So extrem, dass wir sogar mindestens einen Porsche überholen. Ich fahre gern schnell, aber das finde selbst ich fast übertrieben. Als ob eine fremde Macht ihn vorantreibt. Er setzt mich zuhause ab. Kaum komme ich bei der Türe herein, läutet das Telefon. Es ist Angelo. Wir verabreden uns noch für denselben Abend.

Als ich ihm erzähle, dass im Fernsehen der Techniker Angelo erwähnt wurde, lächelt er still in sich hinein.

Nachdem ich Ihm von meinem ersten Traum erzählt hatte, sagte er mir:" Es war mein Wunsch, dass du einen Traum von mir hast, damit du deine Angst vor mir verlierst." Ich staune ihn einmal mehr an. So genau weiß er über meine Unsicherheit, die anscheinend Angst ist Bescheid!

Er erklärt mir, dass er schon oft auf der Erde war, und immer ein sehr hartes Leben auf sich genommen hat, und sich deshalb in diesem Leben gerade nicht auskennt:" Ich weiß wer ich war, jedoch nicht wer ich bin, mein Bewusstsein hat „Löcher"!" Er zählt mir einige seiner Leben auf. Eines davon ist auf einem Bild in unserer Wohnung zusehen ..

Er fragt mich:" weißt du, wer du bist?" Ich muss beschämt verneinen. Ich denke bei mir, dass ich immer gedacht habe, dass man das nicht fragen darf. Es sei nicht gut zu wissen, wer man ist und war. Und doch kann ich meinen Durst nach der Antwort, seitdem er die Frage das erste Mal an mich gerichtet hat, nicht mehr leugnen.

Szene zurück in der Kammeroper:

FÜNFTER AUFTRITT
Annius, dann Servilia.

ANNIUS
Den Göttern Dank und Preis!
Sie haben mich gerettet.

Will ab.

Ist's möglich? - Trügen meine Augen

Hier nahet sich Servilia.

SERVILIA
O Dank der Liebesgöttin
Sie führte mich zu dir,
Wo Wonne meiner harrt.

ANNIUS
Sprich nicht in diesem Ton,
Du bist nicht, was du warst.

SERVILIA
Sprichst du im Wahnsinn so?

ANNIUS
Ich muss es dir entdecken,
Wenn auch mein Herz zerreisst.
Du wirst des Kaisers Gattin,
Und mich bestimmte er -
Dein Glück dir zu verkünden -
Nun leb auf ewig wohl.

Will ab.

SERVILIA
Wie, ich des Kaisers Gattin?
Erkläre näher dich.

ANNIUS
Erforsche deine Schönheit,
Und frage deine Tugend,
Dann kannst du dir erklären,
Was ihn zur Wahl bestimmt;
Wer dich sieht, muss dich verehren.

Fällt vor ihr auf die Knie, plötzlich springt er auf.
Verzeih dem zu verwegnen Sklaven,
Vergib Geliebte meiner Torheit.

Duett

ANNIUS
Ach verzeih mir diese Liebe,
Diesen allzu kühnen Nahmen.
O verzeihe, denn sie kamen
Ja aus dem verwöhnten Mund.

SERVILIA
Schön, o Teurer! sind die Triebe
Fliehe quälende Gedanken,
Nie Geliebter, nie wird wanken
Unsrer Liebe schöner Bund.

ANNIUS
O, wie linderst du mein Leiden,

SERVILIA
Nichts auf Erden soll uns scheiden.

BEIDE
Für dich opfre ich mit Freuden
Alles was mir teuer ist.
Welche Seligkeiten spendet
Reine Liebe treuen Seelen;
Dem muss alle Freude fehlen
Der nicht weiss, was Liebe ist.

Beide Arm in Arm ab.

SECHSTER AUFTRITT
Verwandlung. Kaiserliches Gemach.

Titus, Publius mit einer Schrift, die er ihm überreicht.

TITUS
Sei gegrüsset mir mein Publius,
Was bringst du in dieser Schrift?

PUBLIUS.
Eine schändliche Verschwörung
Hat man gegen dich erregt.
Die Allzukühnen wagten es
Der Titus Namen zu verlästern,
Hier lies die Namen der Verräter.

TITUS
Und das macht dich so ängstlich?
Noch liebet mich mein Volk,
Dies ist der stärkste Panzer
Gegen jeden Pfeil des Neides.
Ich will keinen Namen wissen,
Hier, nimm dies Blatt zurück.

PUBLIUS
Bedenke deine Sicherheit,
Kühner wird noch der Verbrecher,
Wenn du ungestraft ihn lässt.

TITUS
Ich erkenne deinen Eifer;
Lohnen will ich deine Treue,

Den Verführten sei verziehn.

SIEBENTER AUFTRITT
Die Vorigen, dazu Servilia.

Servilia stürzt zu Titus Füssen.

SERVILIA
Titus! höre deine Sklavin!

TITUS
hebt sie auf
Dein Geheimnis ist verraten;
Aus Sesto Munde weiss ich deine Liebe;
Besorge nichts, du treue Seele,
Dein Glück war meines Herzens Wunsch;
Da du es nicht am Throne fandest,
So suche es an Annius Brust. -

Geht ab.

SERVILIA
Der Mund versagt mir seine Dienste,
Wie dank ich so viel Liebe ihm.

ACHTER AUFTRITT

*Wie Titus abgeht, kommt Vitellia von der andern
Seite. Sie verbeugt sich gegen Servilien.*

VITELLIA.
Erlaube Fürstin, dass ich dir

Die Huldigung des Herzens bringe;
Glücklich war die Wahl des Kaisers,
Tugend, Schönheit ziert den Thron,
Wenn du ihn mit Titus teilest.

SERVILIA
Umsonst bedeckest du, Vitellia,
Mit dem Schleier falscher Ehrfurcht
Den hämisch kalten Blick des Neides.
Doch so viel wisse im Vertrauen:
Wenn Titus dich zur Gattin wünschet,
Ich werde nicht im Wege stehn. -

Geht ab.

NEUNTER AUFTRITT
Vitellia, dann Sesto.

VITELLIA
Mir diesen Spott? Mir die Verachtung?
Ha kleine Seelen jubelt nur;
Noch hat Vitellia die Macht
Euch alle zu zernichten. Zittert,
Zittert vor des Weibes Rache,
Dass ihr zu zertreten wähnt. -

Will ab.

SESTO
Wohin so schnell? du einzig Teure!

VITELLIA
Ha, kommst du endlich doch

Vom Brand des Kapitols?
Stürzt Numas Burg zusammen?
Hat Lentulus gesiegt?
Wälzt Titus sich im Blute?

SESTO
Du befahlst vorhin, zu zögern.

VITELLIA
O des eifrigen Geliebten!
Meiner spottet jedermann;
Schnelle Rache kann mich retten,
Doch mein Sesto schläft zu gut.

SESTO
Ha, um meiner Liebe willen
Mässige den bittern Spott!
Nimm mich zu der Rache Werkzeug,
Nur entdecke einen Scheingrund
Der die Lastertat verhüllt.

VITELLIA
Liebe, Ruhm und Rache winken;
Was bedarfst du andrer Gründe?
Bahne über Titus Leiche
Dir den Weg zum Kaiserthron;
Und den Weg zu meinem Herzen. -
Sesto schweigt.
Reizt dich nicht dies Zauberbild?
Geh Verworfner, meine Liebe
Schenk ich einem kühner'n Manne. -

Will ab.

SESTO
Ich eile zum Brande des Kapitols,
Ich stosse diess Schwert in Titus Busen -
Götter! weich ein Schauder ergreift mich!

VITELLIA
Bricht schon wieder das zärtliche Herz?

Arie

SESTO
Teure! ich will ja gehen,
Doch musst du erst vergeben;
Dir werde ich nur leben,
Nur tun, was dir gefällt.
Glaub mir, wenn ich verspreche,
Dass ich noch heut dich räche;
Ein einz'ger Blick voll Liebe,
Gibt Mut und Kühnheit mir;
O mächtigster der Triebe,
Wer kann dir widerstehn? -

Geht ab.

SECHSTER AUFTRITT
Verwandlung. Kaiserliches Gemach.

Titus, Publius mit einer Schrift, die er ihm überreicht.

TITUS
Sei gegrüsset mir mein Publius,
Was bringst du in dieser Schrift?

PUBLIUS.
Eine schändliche Verschwörung
Hat man gegen dich erregt.
Die Allzukühnen wagten es
Der Titus Namen zu verlästern,
Hier lies die Namen der Verräter.

TITUS
Und das macht dich so ängstlich?
Noch liebet mich mein Volk,
Dies ist der stärkste Panzer
Gegen jeden Pfeil des Neides.
Ich will keinen Namen wissen,
Hier, nimm dies Blatt zurück.

PUBLIUS
Bedenke deine Sicherheit,
Kühner wird noch der Verbrecher,
Wenn du ungestraft ihn lässt.

TITUS
Ich erkenne deinen Eifer;
Lohnen will ich deine Treue,
Den Verführten sei verziehn.

Während ich Mozarts Musik lausche, sehe ich vor meinem geistigen Auge das Stück rotes Blumenpapier von jenem wunderschönen Blumenstrauß, den ich am Geburtstag meiner Tochter

bekommen hatte, das ich noch jahrelang in Form eines ausgeschnittenen Herzes aufgehoben habe, bis es von der Sonne schon ganz verblasst war.

Szene in dem Haus, wo wir meditieren:

Es gibt eine besondere Feier, wo die Frauen, aus den anwesenden Männern Brüder aussuchen, und denen ein „Brüderlichkeitsarmband" umbinden.

Ich habe nun vor, all der Liebe zwischen Angelo und mir einen Rahmen zu geben, der moralisch vertretbar ist, und binde ihm das Band um sein Handgelenk, mit all meiner Liebe. Ich fühle mich danach erleichtert und irgendwie gut. Angelo nimmt mich mit nachhause.

Bevor er losfährt, streift er mühsam das kunstvoll und auch sehr fest gebundene Band ab.

Er sagt:" Ich fühle mich nicht als dein Bruder, es wäre nicht recht dieses Band anzunehmen!"

In diesem Moment habe ich das Gefühl zu versagen. Es ist offensichtlich, dass es sein innerster Wunsch ist. Ich begreife nicht, dass es auch meiner ist. Bin von all den Regeln und Gesetzen gehemmt und gehindert einzugestehen, was ich will.

Ich sage mir: „Es ist in Ordnung. Ich nehme die schwierige Situation auf mich. Dass ich Konsequenzen ziehen soll und darf, fällt mir gar nicht ein.

An diesem Abend ist mein Mann auf Tournee und meine Tochter bei ihrer Oma, er kommt herauf. Er legt sich auf den Teppich im Wohnzimmer in seiner üblichen Pose, ich bringe Tee,

ich setze mich zu ihm auf den Boden. Ich bin sehr erregt und angespannt zugleich. Ich fühle die Liebe zwischen uns rinnen wie einen mächtigen Strom und wage nicht aufzusehen. Als ich ihn kurz ansehe, habe ich den Eindruck, dass sich sein ganzer Körper nach meiner Nähe sehnt. Ich kann ihn schreien hören, obwohl alles still und regungslos ist. Ich bin ratlos, ich weiß nicht, was ich tun soll. Ich berühre ihn leicht. Sofort potenzieren sich die Wellen der Liebe zwischen uns, und ich merke, dass die Hand, die Linderung herbeiführen wollte, einen Großbrand entfacht hatte. Meine Hände berühren ihn vorsichtig. Ich erlebe, wie eine Sehnsucht gestillt wird und die nächste als noch größeres Verlangen entsteht. Unsere Körper sehnen sich nach einander, wie ich es noch nie erlebt hatte, und auch nicht gewusst hatte, dass das möglich ist. Diesen Zustand halten wir den ganzen Abend aus.

Ich habe mich ihm nicht hingegeben, doch er durfte bei mir schlafen. Aus meinem Schreck heraus, habe ich ihm kein Bett angeboten, sondern ihn auf dem Teppich schlafen lassen.

Am nächsten Morgen komme ich ins Wohnzimmer:" Entschuldige mir bitte, du hast es sicher nicht verdient auf dem Boden zu schlafen!"

Beim gemeinsamen Frühstück erleben wir wieder die unglaubliche Kraft der Liebe zwischen uns fließen. Er sagt:" ich möchte noch ein wenig hier mit dir sitzen und diese Kraft in mir arbeiten spüren. Ich habe das Gefühl meine psychischen Probleme zu verkleinern!"

Ich fühle mich sehr schuldig. Ich erlebe doch, was er für eine liebenswerte und großartige Persönlichkeit ist, und mit welcher Ernsthaftigkeit er Introspektion betreibt, um die" bösen Geister zu vertreiben."

Kurze Szene zurück in der Kammeroper: ich tauche für eine Weile in die Handlung ein.

SIEBENTER AUFTRITT
Die Vorigen, dazu Servilia.

Servilia stürzt zu Titus Füssen.

SERVILIA
Titus! höre deine Sklavin!

TITUS
hebt sie auf
Dein Geheimnis ist verraten;
Aus Sesto Munde weiss ich deine Liebe;
Besorge nichts, du treue Seele,
Dein Glück war meines Herzens Wunsch;
Da du es nicht am Throne fandest,
So suche es an Annius Brust. -

Geht ab.

SERVILIA
Der Mund versagt mir seine Dienste,
Wie dank ich so viel Liebe ihm.

ACHTER AUFTRITT
Wie Titus abgeht, kommt Vitellia von der andern Seite. Sie verbeugt sich gegen Servilien.

VITELLIA.

Erlaube Fürstin, dass ich dir
Die Huldigung des Herzens bringe;
Glücklich war die Wahl des Kaisers,
Tugend, Schönheit ziert den Thron,
Wenn du ihn mit Titus teilest.

SERVILIA
Umsonst bedeckest du, Vitellia,
Mit dem Schleier falscher Ehrfurcht
Den hämisch kalten Blick des Neides.
Doch so viel wisse im Vertrauen:
Wenn Titus dich zur Gattin wünschet,
Ich werde nicht im Wege stehn. -

Geht ab.

- Doch bald bringt uns meine Erinnerung wieder zurück in die Vergangenheit.

In den nächsten Tagen kommt er vorbei, und schenkt mir ein tolles Rennrad. Ich bedanke mich, obwohl dieses Geschenk mich sehr beschämt.

Er sagt:" Du hast mir doch das Brüderlichkeitsarmband gegeben! Dafür schenke ich dir das Fahrrad. Es ist ein besonders schlankes und leichtes

Herrenrennrad. Offensichtlich seines, denke ich. Ich fühle mich sehr geehrt, dieses Rad zu haben. Es fährt sich wunderbar!!!

mein Mann fragt:" Woher hast du dieses Fahrrad?" Verlegen und quasi ertappt antworte ich:

„Angelo hat es mir geschenkt, weil ich ihm das Band zur Brüderlichkeit gegeben habe!"

Mein Mann:" das kannst du auf keinen Fall behalten, das musst du sofort zurückgeben. Er ist richtig aufgebracht. Verschreckt und schuldbewusst gehorche ich.

Die Gedanken sind frei, und so fliegen wir auf den Schwingen von Mozarts Tito zurück in jene Vergangenheit, wo ich in einem braunen sehr schicken Kostüm, mit Seidenstrumpfhose neben Angelo in seinem silbernen Peugeot 205sitze. Er wirft einen leichten Blick auf mich in meiner Kleidung und sagt, dass es ihn erregt, wenn ich so gut gekleidet bin. In dem Moment fühle ich mich sogar ein wenig schuldig, dass ich ihn errege, …… das soll ich doch nicht!

Wir fahren auf den Koglberg, wo seine Eltern wohnen. Er sucht Sachen (Gewandstücke und so weiter), ich erlebe seine Mutter: sie sieht aus, wie jemand der aufgegeben hat, und Angelo ist kurz und aggressiv zu ihr. Aber er erwähnt die Musik meines Mannes und sagt, dass er jetzt gute Freunde hätte.

Die Worte meines Psychologen Hans Jung kommen mir jetzt dazu in den Sinn. Er war auch der Psychologe von Angelo gewesen, und ich durfte zu ihm schon viel über ihn sprechen. Er hatte gesagt:" Angelo war Symptomträger, genauso wie du auch. Das sind eigentlich starke Seelen, die die Probleme in der Familie auf sich nehmen und deshalb psychisch krank werden. In Angelos Fall, war es eine zerrüttete Familie, der Vater hatte andere Frauen, und die Mutter war depressiv. Seine Schwester war das Supergirl und er wurde zum Versager.

Mit großem Respekt hatte der Psychologe über Angelo gesprochen.

<u>Szene zurück in der Kammeroper:</u>

NEUNTER AUFTRITT
Vitellia, dann Sesto.

VITELLIA
Mir diesen Spott? Mir die Verachtung?
Ha kleine Seelen jubelt nur;
Noch hat Vitellia die Macht
Euch alle zu zernichten. Zittert,
Zittert vor des Weibes Rache,
Dass ihr zu zertreten wähnt. -

Will ab.

SESTO
Wohin so schnell? du einzig Teure!

VITELLIA
Ha, kommst du endlich doch
Vom Brand des Kapitols?
Stürzt Numas Burg zusammen?
Hat Lentulus gesiegt?
Wälzt Titus sich im Blute?

SESTO
Du befahlst vorhin, zu zögern.

VITELLIA
O des eifrigen Geliebten!
Meiner spottet jedermann;
Schnelle Rache kann mich retten,
Doch mein Sesto schläft zu gut.

SESTO
Ha, um meiner Liebe willen
Mässige den bittern Spott!
Nimm mich zu der Rache Werkzeug,
Nur entdecke einen Scheingrund
Der die Lastertat verhüllt.

VITELLIA
Liebe, Ruhm und Rache winken;
Was bedarfst du andrer Gründe?
Bahne über Titus Leiche
Dir den Weg zum Kaiserthron;
Und den Weg zu meinem Herzen. -
Sesto schweigt.
Reizt dich nicht dies Zauberbild?
Geh Verworfner, meine Liebe
Schenk ich einem kühner'n Manne. -

Will ab.

SESTO
Ich eile zum Brande des Kapitols,
Ich stosse diess Schwert in Titus Busen -
Götter! welch ein Schauder ergreift mich!

VITELLIA
Bricht schon wieder das zärtliche Herz?

Arie

SESTO
Teure! ich will ja gehen

Doch musst du erst vergeben;
Dir werde ich nur leben,
Nur tun, was dir gefällt.
Glaub mir, wenn ich verspreche,
Dass ich noch heut dich räche;
Ein einz'ger Blick voll Liebe,
Gibt Mut und Kühnheit mir;
O mächtigster der Triebe,
Wer kann dir widerstehn? -

Geht ab.

wir tauchen wieder in der Oper in den Charakter des vergebenden Tito ein. Sein Gesicht verschmilzt ein wenig mit dem von Angelo. In der Oper erlebe ich wieder, wie gekonnt Mozarts Musik die Geschichte des Tito untermalt, und führt. Ich verspüre unendliche Dankbarkeit, da ich die Vergebung so stark auf mich wirken fühle.

<u>Szene im Kino in Hietzing:</u>

Die Dankbarkeit selbst ist es, die die Erinnerung erneut zurückbringt.

Diesmal sitzen wir (Sara und Angelo) als zwei der wenigen Kinogäste im Film Stargate. Angelo erzählt mir:" ich bin der „universal soldier" und sagt, dass der Film gut ist. Ich genieße es sehr mit ihm im Kino zu sein. Das Erlebnis ist wie im Traum. Hinter dieser alltäglichen Freizeitgestaltung steht diese besondere Verbindung, die jeden Ort an dem wir uns befunden haben zu einem heiligen macht. Dazu gehört nun dieses Kino.

<u>Szene ändert sich sachte:</u> der Koglberg, verschiedene Cafes, wo wir uns getroffen haben, eines der häufiger besuchten ist das auf der Gloriette im Schloßbrunner Park. Die Apotheke, an der wir mit seinem Auto immer wieder halten und er sich Adolorin holt. Das

kleine Gartencafe im Einkaufsgarten in der Jagdschlossgasse. Usw.

Nun erlebe ich erneut, wie er mir ein Foto von sich als 4jährigem schenkt, einmal bei mir zu Hause. Er ist darauf mit Kopfhörern zu sehen. Angelo sagt:" Das war in Waidhofen an der Thaya, bei meiner Großmutter. Es war der einzige Ort, wo ich glücklich war."

<u>Szene die erneut sachte aus der Kammeroper führt: (feierlich das sanctus von Schubert)</u>

ZEHNTER AUFTRITT
Vitellia, dann Publius, und Annius.

VITELLIA
Endlich bin ich am glänzenden Ziele!
Wie süsse Rache den Busen mir hebt'

PUBLIUS
Folg' uns zu Titus, edle Vitellia;
Eben eilt er in deine Wohnung.

ANNIUS
kommt
Titus harret deiner mit Sehnsucht.

VITELLIA
verwirrt
Was befiehlt er mit seiner Sklavin?

ANNIUS
Er selbst will dein Glück dir verkünden.

PUBLIUS
Er hat dich zu seiner Gattin erkoren.

VITELLIA
für sich
Ach ihr Götter! raubt mir mein Leben!

ANNIUS
Nimm unsre erste Huldigung an.

Knieet vor ihr mit Publius.

VITELLIA
Steht auf meine Freunde! lasst mich besinnen.

PUBLIUS
Und nun ohne weiters Zögern zu Titus.

Terzett

VITELLIA
Schon komm ich. Wartet, wartet!
Sesto! Götter! Sesto ist fort!
Verwünschte Gier der Rache,
Unsel'ger Rausch der Wut.
Ihr lohnt mit Angst und Schmerzen;
Ihr straft mit Höllenglut.

ANNIUS UND PUBLIUS
Sieh, was an traurigen Herzen
Freude, für Wunder tut.

Alle ab.

Bild: Kahlenberg: dort, wo der schmiedeeiserne Zaun ist und man ins weite Tal blickt. Man gelangt dorthin, an alten Buchen und Eichen vorbei. Ein Ausflug hat uns bis dorthin gebracht, ich erinnere mich an Angelos befreit lachendes Gesicht, an einen der alten Bäume gelehnt, und er freut sich über mich, unsere große Liebe, er erscheint richtig glücklich.

<u>Szene zurück in tito: erneut trinke ich begierig die Worte die Handlung die Musik.</u>

ELFTER AUFTRITT
Die Bühne stellt einen Platz vor, wie in der vierten Szene. Sesto kommt ganz verwirrt, und in sich gekehrt.

SESTO
Weh mir! mächtig bestürmt

Furcht und Schrecken mein Herz;
Bang ist mir, ach bange
Fliehn möcht' ich, und bleiben.
Jedes Lüftchen, jeder Schatten
Füllt mich mit Schauer,
Nie könnt ich ahnden, nie wähnen,
Dass soviel meinem Herzen dies Verbrechen koste.
Doch! ich muss vollenden, damit nur ruhmvoll
Mein letzter Schritt noch sei. Noch ruhmvoll?
Verdient wohl Verräterei noch Ruhm?
Unglücklicher Sesto! du ein Verräter? O Schreckensname!
Und dennoch eilst du, ihn zu erhalten!
Und wen verrätst du?
Den erhabensten, den gerechtesten,
Den gütigsten der Fürsten dieser Erde.
Ach, was du hast, was du bist, verdankst du ihm;
Ha! schöner Lohn für so viel Güte; In seinen Freund
Liebt also Titus seinen Mörder!
Nehmt Götter mir mein Leben, wenn ich das werde.
Ach! ich kann nicht Vitellia,
Deinen Durst nach Rache stillen,
Ich stürbe vor der Tat zu seinen Füssen.
Ich muss ihn retten - aber wie,
Schon das Kapitol in Flammen?
Alles in Aufruhr, alles schon bewaffnet!
Ach vergebens ist nun die Reue.

*Man sieht aus dem Kapitol Flammen
herausschlagen; in der Folge wird der Brand*

immer heftiger.

ZWÖLFTER AUFTRITT

Finale

SESTO
Erhaltet ihn ihr Götter!
Ach schützt der Menschheit Zier,
Und fällt er ohne Retter,
So schenkt den Tod auch mir.

ANNIUS
kommt
Ach Sesto! wohin gehst du?

SESTO
Ich gehe, ich gehe - du wirst hören,
O Himmel! wirst es sehn zu meiner
Schmach.

Geht ab.

ANNIUS
Wie soll ich das verstehen?
Doch sieh, da kommt Servilia!

SERVILIA
kommt
Ach, welch ein schrecklich Aufruhr.

ANNIUS
Flieh von hier, o Teure!

SERVILIA
Ich fürchte, jene Flammen
Sind nicht des Zufalls Werk;
Nein, der Verdacht vermehrt sich,
Dass Bosheit sie erregt.

CHOR
in der Entfernung
Ach!

PUBLIUS
kommt
Ganz Rom ist schon in Gärung,
Mir bangt für Titus Leben.
O wer mag des Verrates
Verwegnes Haupt wohl sein.

CHOR
in der Entfernung
Ach!

SERVILIA, ANNIUS, PUBLIUS
Ihr Götter, sendet Rettung,
Ach hört des Volkes Schrei'n.

CHOR
etwas näher
Ach!

VITELLIA
kommt

O Freunde! habt Erbarmen!
Sagt, wo ich Sesto finde;
Mein Schmerz grenzt an Verzweiflung,
Ich leide Höllenpein.

SERVILIA, ANNIUS UND PUBLIUS.
O wer mag des Verrates
Verwegnes Haupt wohl sein?
Ihr Götter, sendet Rettung,
Ach hört des Volkes Schrei'n.

CHOR
wie oben
Ach!

Indessen versammelt sich immer mehr Volk auf dem Platze; alle ringen die Hände, und blicken mit Gebärden der Verzweiflung gegen das brennende Kapitol.

SESTO
kommt wie ein Wahnsinniger mit blossem Haupte, zerrütteten Haaren, und entblösstem Schwerte
Wohin, ach wohin entflieh' ich?
Berste o Erde, und öffne dich!
Verschling in deine Tiefen,
Verbirg der Menschheit Fluch.

VITELLIA
Sesto!

SESTO
Was willst du von mir?

VITELLIA
O Götter! welche Blicke!

SESTO
O grausames Geschicke!

VITELLIA
Titus. -

SESTO
Ach dieser Edle
Schwimmt schon in seinem Blute.

SERVILIA, ANNIUS, PUBLIUS
Wer tat mit frechem Mute,
Dies schwarze Werk der Hölle?

SESTO
Ach dieses Ungeheuer,
Ein Greuel der Natur.
War - war -

VITELLIA
Schweige, Unglücksel'ger!
Noch hat man keine Spur.

VITELLIA, SESTO, SERVILIA, ANNIUS, PUBLIUS
Der Stern ach! ist verschwunden,
Der friedlich uns gestrahlt.

CHOR
O Greuel der Verschwörung,

O schreckensvoller Tag.

Alle gehen in Verwirrung ab.

Der Vorhang fällt langsam.

Ich sitze da, vollkommen gehe ich in dem Werk auf, das mich permanent in die vergangenen Zeiten bringt. Es wird mir bewusst, dass das alles nun schon 18 Jahre her ist. Die ganze Geschichte ist noch immer in mir versiegelt. Es ist für mich ein Mysterium, wie vollkommen die Rolle des Titus mich zu Angelo zurückbringt. Während dieser Vorstellung, erlebe ich quasi die Vergangenheit zum wiederholten Male. Es drängt sich die Frage in mir auf:" war das, was ich erlebt habe, während unserer nicht einmal 2 Jahre, so tiefgreifend, dass es einer Wiederholung bedarf?" Es fallen mir Angelos Worte ein: „Das ewige Alles hat mir gesagt, dass ich dich in Ruhe lassen soll, dass ich dich nicht mehr in deinem Leben stören soll."

Ich hatte mich damals gefragt, warum das ewige Alles ihm das gesagt haben konnte. Ich liebte ihn doch so sehr. Sollten wir nicht zusammen sein? Ich hatte nicht wissen können, dass meine innere Reise noch so weit gehen würde, noch so lang dauern würde............

Die Gedanken hören auf, und ich befinde mich wieder in der Kammeroper, in der nächsten Szene von Titus.

ZWEITER AUFZUG

ERSTER AUFTRITT
Sesto, dann Vitellia.

SESTO
Mich reizt nicht mehr des Lebens Stimme,
Ich suche Ruhe nur im Grab.

VITELLIA
kommt eilig
Fliehe, trauter Sesto, eile,
Meine Ehre und dein Leben
Rettet nur die schnellste Flucht.

SESTO

Deine Ehre ist gerettet,
Meinen Mund verschliesst der Tod.

VITELLIA
Immer liebtest du den Kaiser
Wirst du widerstehen können,
Wenn er zärtlich in dich dringt.

SESTO
Titus fiel durch meine Hände

VITELLIA
Du irrest, Titus lebt,
Ich komme von ihm her.

SESTO
Er lebt? Er lebt? Wie dank ich dir
Für diese Nachricht! O wie wohl ist mir
Der Tod hat keine Schrecken mehr für mich;
Dein Geheimnis bleibt in deinem Busen,
Keine Folter öffnet meine Zunge,
Überzeuge dich nach meinem Tode,
Ob dich Sesto treu geliebt.

ZWEITER AUFTRITT
Publius mit Wachen. Die Vorigen.

PUBLIUS.
Sesto!

SESTO
Was forderst du in diesem Ton?

PUBLIUS
Dein Schwert! - Dein Staunen ist Verstellung,
Dein Verbrechen ist enthüllt,
Lentulus zeugt wider dich.
Er stahl den kaiserlichen Purpur,
Du hieltest irrig ihn für Titus,
Und stachst den Mordstahl ihm ins Herz.
Wisse nun, noch lebet Titus,
Noch lebet Lentulus, um vor dem Volk,
Und dem Senat die Schandtat zu bezeugen.

VITELLIA
für sich
Mein Sesto ist verloren!
mit einem Schrei
Ach!

Terzett

SESTO
Wenn schauerliche Lüfte,
Dein Antlitz einst umschweben,
So fühl das letzte Seufzen,
Den letzten Hauch von mir.

VITELLIA
Um mich muss Sesto sterben.
für sich
Wo Götter, soll ich mich verbergen?
Ach mein Vergehen bleibet
Nicht unbekannt der Welt.

PUBLIUS
Folge mir!

SESTO
zu Publius
Schon komm ich
zu Vitellia
O lebe wohl!

VITELLIA
Nirgends mehr Rettung, o Himmel!

PUBLIUS
Folg mir!

SESTO
Schon komm' ich.

VITELLIA
Welch Missgeschick!

SESTO
Gedenk, gedenk des Armen,
Der dich auch jetzt noch liebet,
Dein Mitleid, dein Erbarmen,
Sei deiner Schmerzen Lohn.

VITELLIA
Ach, das Gefühl des Schreckens
Zerreisset mir die Seele,
Angst und Verzweiflung martert,
Mein Herz mit Todesqual.

PUBLIUS
Ihr herbes, bittres Leiden,
Die Träne ihres Auges

> Gehn nahe meinem Herzen,
> Mein Mitleid schenk ich ihr.

Alle drei ab.

Ich verfolge die jetzige Szene eingedenk der tiefen Trauer und Finsternis, die mich nun schon seit 18 Jahren umhüllt. Zu Tränen gerührt sauge ich die Vergebung Titos in mich auf bin so auf diese magische Weise mit Angelo wiedervereint. In meinem Geist erneuert sich zum unendlichsten Mal der Schwur, die Geschichte zu offenbaren, denn aus Tito spricht Angelo zu mir. Ich erlebe, dass er als Mozart diese Oper geschrieben hat, und sie jetzt auf unglaubliche Weise ihm selbst dient. Zweimal erlebe ich ihn zugleich auf der Bühne der Kammeroper. Als Mozarts Musik, und als Tito, wo er seine Gesinnung in Worten äußert.

Langsam gleite ich in die dunkle Vergangenheit ab.

<u>Szene zu Hause mit meiner kleinen Tochter:</u>

Ich war die Köchin und Hausfrau und Mutter, ohne Selbstbewusstsein. Diese Rolle, in der ich mich aufgegeben hatte, deprimierte mich zusehends. Ich war ständig müde, und entwickelte damals schon erste Anzeichen von offensichtlicher Depression. Aber er war mir wirklich von Herzen wichtig, genauso wie meine Tochter.

Ich setze mich dafür ein, dass er dabei sein kann, wenn sich die Künstler sehen. Kein Zweifel, er war eine Persönlichkeit.

mein Mann sagt:" Du, den Angelo können wir nicht mehr dabeihaben, es geht einfach nicht mehr, seine Probleme sind zu schwerwiegend, er ist gefährlich und unberechenbar!", usw. Diese Worte schüchterten mich mehr ein, als ich bereit bin zuzugeben.

Auch die Freunde distanzierten sich mehr und mehr von ihm.

Als mein Mann auf einer Tournee ist, kommt Angelo eines Abends und läutet und klopft an die Türe, er braucht Ansprache, Zuneigung. Ich bin gerade von der Angst eingenommen und möchte ihm nicht die Türe öffnen, sondern ihn vertrösten, er setzt sich in unser Stiegenhaus und ist traurig. Ich komme heraus und tröste ihn. Ich möchte nicht, dass er leidet, zur gleichen Zeit will ich meine Ehe nicht gefährden, habe an allen Enden Angst, und bin dennoch überwältigt, von der immensen Verbindung, die nach wie vor, oder besser gesagt, immer noch intensiver wird.

 Ich lasse ihn dann oft, wenn mein Mann nicht zu Hause ist, doch herein, nachdem ich langsam meine Angst zurückzudrängen vermag. Wir meditieren zusammen, spüren die wunderbaren Kräfte der Liebe zwischen uns fließen und sprechen oft lange Zeit nichts.

Eines seiner Worte, ist:" der Feind ist in den eigenen Reihen!": diese Aussage, verstehe ich damals so, dass er mein Inneres meint, das mal meinem Mann loyal ist, und dann wieder Angelo: ich fühle mich wie ein Diener zweier Herren, ich bin in eine schwierige Lage gedrängt, da ich Angelo aus Liebe verpflichtet bin, und ein Eheversprechen gegeben hatte. Da denke ich, ich bin der Feind in den eigenen Reihen (gewissermaßen in meiner Person!), doch nach den letzten Forschungsergebnissen zu urteilen (ich erinnere mich an den damaligen I Ging Spruch: Die Frau, die alles durch die Türspalte sieht. Bedeutet, dass ich einen sehr begrenzten Horizont habe, Dinge zu verstehen. Ich sollte mich in andere Perspektiven und Personen mehr hineinversetzen. Meine Angst und Unsicherheit verhindern, dass ich erkennen kann, dass er damals schon meinen Mann gemeint hat. Ich bin zu schüchtern gewesen, um die Frage direkt an ihn zu richten.

Ich sehe mich wieder in der Kammeroper sitzen. Titos Milde und Großmut geben mir immer mehr den Kick die Geschichte, die ich nun schon seit 18 Jahren im Herzen verborgen mit mir herumtrage, offenbar zu machen. Er hat es verdient, mit einem Werk geehrt zu werden, zuerst rehabilitiert und dann natürlich geachtet und geehrt zu werden.

Ich werde rot, wenn ich daran denke. Ich glaube, dass ich es nicht kann, und sage innerlich mein Vorhaben ab.

Durch die Magie der Musik und der Geschichte, werde ich bald in unsere Anfangszeit zurückgetragen. Er hat sich ein Treffen mit mir gewünscht, und ich sehe keine Möglichkeit, als den frühen Morgen zu nutzen, da mein Ehemann ein Langschläfer ist, und meine kleine Tochter auch recht lang schläft. Um 5 Uhr früh holt er mich mit dem Auto ab. Wir fahren auf den nahegelegenen Koglberg der noch recht naturnah ist. Umgeben von altem Wald liegt idyllisch eine Lichtung. Die Vögel singen ihr Morgenlied, das Licht des Tages beginnt jung und klar die Szene zu beleuchten. Wir stehen regungslos als Teil des vollkommenen Ganzen da. Wir sind einfach. Es ist perfekt. Wir trinken von der Harmonie in und um uns.

Wir kommen um ca. halb acht Uhr morgens zurück. Meine Tochter spielt schon leise und mein Mann schläft noch.

Einmal als mein Mann nicht zu Hause ist, kommt er kurz vorbei und schenkt mir ein kurzes schwarzes Kleid, mit der Bemerkung:" Das ist wirklich ein hübsches Kleid".

<u>Szene: im kleinen Gartencafe im alten Einkaufsgarten in der Jagdschlossgasse)</u> <u>(100% idyllisch)</u>

 im kleinen Gartencafe in der Jagdschlossgasse (es existiert leider nicht mehr), sowie all die Plätze, die unsere Erinnerung trugen bis zur Unkenntlichkeit renoviert worden sind. Angelo trinkt seinen Cafe und ist wie meistens in jener Zeit recht guter Dinge.

Er fragt mich:" Willst du mich heiraten?" Nun, es trifft den Nagel auf den Kopf. Ich bin unendlich glücklich mit ihm. Aber ich bin überzeugt, dass ich die Frau meines Mannes bleiben sollte. Ich denke gar nicht wirklich daran, ihn zu verlassen. Ich will nur für Angelo da sein, aber nichts gegen die Ehe tun. Das wage ich nicht. Obwohl, wenn ich ehrlich bin, liebe ich seinen Geist, kein Zweifel, aber genauso liebe ich seinen Körper. Er ist ein junger Mann nur ein halbes Jahr älter als ich. Unsere Körper ergänzen einander absolut perfekt. Der kleine Schönheitsfehler ist, dass ich verheiratet bin, und in dem Moment voller Panik erkenne, dass ich alleine nicht überlebensfähig bin. Ich fühle mich nicht frei zu handeln. Die Gesellschaft kritisiert ihn, wegen seiner psychischen Probleme, die mich auch manchmal beängstigten. Ich will ihm meine ganze Liebe schenken, in jedem Moment meines Lebens, fühle mich aber nicht im Stande den Alltag zu meistern. So genau hatte ich das selbstverständlich nicht analysiert, doch kann ich nicht ja sagen. Ich freue mich aber sehr und fühle mich ihm noch näher und verbundener.

Immer wieder warnt mich mein Mann vor seiner Gefährlichkeit, die Freunde versuchen immer wieder etwas über ihn und mich zu erfahren, und Angelo und ich verstecken unsere Gefühle füreinander vor allen anderen so gut wir können. Wenn wir allein sind, machen wir Spaziergänge, um den Lainzer Tiergarten herum und ich erfahre die eine oder andere Episode aus seinem doch traurigen und verzweifelten jungen Leben. Nichts kann unsere Liebe erschüttern, und doch erschüttert mich alles, was ich erlebe zu tiefst. Wir haben einen besonderen Treffpunkt ausgemacht. Es ist der Lindwurm. Ich komme da sehr oft mit meiner kleinen Tochter zum Spielplatz oder in das liebe Gasthaus, und er sitzt auf der Wiese hinter dem Lindwurm und wartet auf mich.

Oft schaue ich hinüber auf die kleine Straße die durch den Wald zum

Parkplatz des Lindwurmes führt, ob Angelo diesmal kommen würde.

Diesmal schaue ich nicht umsonst. Der silberne Peugeot 205 kommt den Waldweg herauf und ich verfolge seinen Weg zwischen den alten Bäumen.

Meist bin ich hier allein mit meiner Tochter, doch gerade, als ich den Abstecher hinter den kleinen Gasthof machen will, um Ihn zu sehen, kommt eine ehemalige Schulkollegin auf mich zu. Gerade heute will sie mich einladen. Ich gebrauche eine Ausrede (Toilettenbesuch) um doch noch nach Hinten auf die versteckte Wiese zu kommen. Angelo kommt mir über einen winzigen Steig entgegen. Er hat unglaublich viel Verständnis für mich. Er sagt:" ich möchte dich nur kurz sehen, und dann sollst du dich wieder deiner Tochter widmen.!" Erleichtert bedanke ich mich bei Ihm und liebe Ihn erneut für jene Aussage.

Ein schöner Ausflug über die Höhenstraße zum Häuserl am Stoan, wo er ein Frühstücksei isst, ist es trotzdem für mich, obwohl er an diesem Tag wegen innerer und äußerer Umstände und getrübter und angespannter Stimmung ist.

Mein Mann ist wieder auf Tournee. Angelo kommt am Abend zu Besuch. Ich koche für ihn Palatschinken, es ist eine seiner Lieblingsspeisen. Er hat mir beigebracht, etwas Wasser statt einem Teil der Milch zu verwenden, und dann werden die Palatschinken noch besser. Die Stimmung, die er verbreitet, ist für mich voller klarer Bergluft, so gut zum Atmen. Ich lerne gerne von ihm.

Wir meditieren zusammen. Er sitzt hinter mir. Ich spürte die große Beglückung unserer Seelen die sich da vereinen, glaube ich. Angelo berührt nur mit einem Finger die Herzgegend von hinten bei mir. Ich schmelze innerlich dahin. Diese kleine Berührung entfacht ein Feuer, das brennt und brennt und brennt, bis wir uns in den Armen liegen, *er fragt irgendwann:* „Darf ich in dich kommen?" Was kann ich sagen? Ich weiß, dass ich verheiratet bin, und doch ist es „Leben", was sich gerade abspielt.

Ich denke:" ich bin nicht dieser Körper", Es ist eine Weisheit, die wir in unserer Meditation lernen. Und ich lasse ihn gewähren. ………Es gibt nichts wunderbareres, als eine wahre Liebe, die sich erfüllt.

Ich erinnere mich an sein überaus hübsches glückliches und entspanntes Gesicht, wenn er bei mir im Bett liegt. Es ist höchste Glückseligkeit, aber leider im labilen Gleichgewicht.

Der Tag danach. Ich wache wie aus einem wunderbaren Traum auf.

Meine kleine Tochter erwacht und läuft ins Wohnzimmer. Da liegt Angelo, der da gar nicht sein darf. Schnell rufe ich sie zu mir und er versteckt sich schnell. Nachdem ich sie in den Kindergarten gebracht habe, erklärt mir Angelo:" Für kleine Kinder, wie Sophia, ist es unrealistisch, dass da jemand war, sie wird nicht mehr daran denken."

So hat es sich auch bewahrheitet. Wir mussten darüber nie sprechen. Als ich Ihm erzählte, dass mir die Erziehung meiner Tochter so schwerfällt, riet er mir, sie machen zu lassen und sie mit Liebe zu unterstützen. Dann würde alles von selbst in Ordnung kommen. Auch das hat sich bestätigt. Ich konnte innerlich durchatmen und verstehen, dass meine Tochter eine etwas andere Sicht der Dinge des Lebens hatte. Als ich sie gewähren ließ, erkannte ich, dass sie gar nicht schlimm war, sie wollte Dinge nur anders angehen

Nachdem ich ein weiteres Mal meine Ehe gebrochen habe, ist mein Inneres von Schuldgefühlen zerrissen und die Erinnerung an den letzten Abend und an die Nacht lassen mich innerlich erstarren. Solange Angelo da ist geht es noch. Dann geschieht die fürchterliche Reue. Die ist unerträglich. Ich versuche mich von ihr zu befreien, es gelingt nicht. Ich bin auf das Schlimmste zwischen Angelo und meinem Ehemann zerrissen. Es wird so schlimm, dass ich die Geschichte bei der nächsten Gelegenheit meinem Mann beichte.

Mein Mann ist außer sich vor Entrüstung. Er schleppt mich mit in die Wohnung von Angelo, und stellt ihn zur Rede. Dieser sagt fast ohne Emotionen: ich habe sie gebraucht." Ich stehe da, und Angelo tut mir auch unendlich leid. Wir beide sind unfähig mit der Situation umzugehen. Wir fügen uns dem Willen meines Mannes, der mich vollkommen einschüchtert und mir eindringlich auseinandersetzt, wie gefährlich Angelo sei. Voller Angst und Schrecken steht mein innerer Entschluss fest, nie wieder diesen Schritt zu tun.

Auf der anderen Seite reift der Entschluss, Angelo für immer treu zu lieben. Ich fühle mich wie die Königskinder in dem Kinderlied: es waren zwei Königskinder, die hatten einander so lieb. Sie konnten zusammen nicht kommen, das Wasser war viel zu tief, das Wasser war viel zu tief.

<u>Von dieser schweren Erinnerung erhole ich mich in Mozarts Titus, trinke seine Vergebung, und tauche erneut in jene Zeit ein.</u>

DRITTER AUFTRITT
Saal mit einem Thron und Nebensitzen.

Titus, Publius, Patrizier, Wache

CHOR
Auf bringet Preis, und Dank
Dem ewigen Geschick,
In Titus erhielt es
Die Ehre des Throns.

TITUS
Nein, nimmer nenn' ich
Unglücklich mein Schicksal,
Denn schlagen nicht Herzen
Für mich noch voll Mitleid!
O schützet noch ferner
Ihr Götter! mein Volk.

CHOR
Auf, bringet Preis und Dank
Dem ewigen Geschick,
In Titus erhielt es
Die Ehre des Throns.

PUBLIUS
Schon ist das Volk auf dem Platze versammelt,
Entziehe ihnen nicht länger die Wonne,
Den geliebten Beherrscher gerettet zu sehn.

TITUS
Ich eile, mein treues Volk zu begrüssen,
Nur wünsch' ich Gewissheit von Sesto Schicksal,
Noch ist sein Verbrechen nicht erwiesen.

PUBLIUS
Lentulus hat gegen ihn gezeugt.

TITUS
Der Verbrecher sucht sich Gefährten,
Sesto ist als mein Freund bekannt;
Der Freund des Kaisers hat immer Neider,
Noch kehrt vom Senate niemand zurück;
Eile Publius, und bringe eine Nachricht.

Geht ab

PUBLIUS
Ich gehorche deinen Befehlen,
Mögen dich deine Gefühle nicht täuschen!

Arie

PUBLIUS
Urteilt bedächtig
Von der Verschwörung,
Noch kann ich nicht trauen,
Dem bösen Gerücht.
Ein Herz voll Treue,
Ein Herz voll Ehre,
Fröhnt nie dem Laster,
Wenn jedes andere
Gern sich verirret,
Und Wort und Treue bricht.

Geht ab, ihm folgen Patrizier und Wache.

VIERTER AUFTRITT

Titus kommt, dann Annius.

TITUS
Sesto! wenn du zum Verräter mir wurdest,
Dann, Glaube an Menschheit, dann bist du
dahin.

ANNIUS
kommt eilig
Herr! ich flehe um Gnade für ihn.

TITUS
Auch Annius glaubt an Sesto Verbrechen!

Unser nächstes Treffen ist sehr von Unsicherheit und Angst überschattet. Angelo nimmt mich im Auto mit. Ich merke erst allmählich, dass wir in der Mariahilferstraße haltmachen. Er steigt schweigend aus und lässt mich sitzen. Nach einer kurzen Weile kommt er von der gegenüberliegenden Straße zurück und ich sehe, dass dort das Dorotheum ist. Er setzt sich wieder ins Auto und packt langsam und ernst etwas Kleines aus. Es ist ein goldener Ring. Aus 3 verschiedenen Goldarten. Gelb, rot und Weißgold. Ich bin sehr gerührt und bedanke mich. Ich weiß jedoch, dass ich den Ring niemandem zeigen darf. Alles, was zwischen uns passiert, wird von

niemandem verstanden. Ich liebe ihn so
sehr, bin unendlich dankbar, dass ich
mit ihm bin, ihm meine Liebe im Geiste
schicke, und seine Gegenwart genieße.
Er ist mein bester Freund.

<u>Szene:</u> ich gehe in eine Telefonzelle:
rufe Angelo an, und sage:" reine Liebe
rinne reich rüber zu dir!" diesen Satz
spricht mein Inneres ganz oft, wenn wir
uns nicht sehen.

<u>Szene:</u> Ich sitze zu Hause mal am
Wohnzimmerteppich mal auf dem
Hochbett und werfe I Ging Münzen in
meiner Verzweiflung und Ratlosigkeit.

Wenn wir uns nicht sehen, bin ich oft
voller Unsicherheit und Zweifel. Ich
befrage das i Ging oft 10mal am Tag zu
verschiedenen Fragen und Teilfragen
dazu. Ich versuche unsere Situation zu
verstehen, und verzweifelt nach einer
Lösung oder einer richtigen Sichtweise.
Allein die Welten lassen sich nicht

vereinen. Das I Ging warnt mich eindeutig davor, wenn man die höhere Freundschaft hat muss man sich von den niedrigen Freunden trennen, sonst wird das Höhere sich zurückziehen. Das Höhere ist für mich auf jeden Fall Angelo. Und doch kann ich mich nur versuchen innerlich von meinem Ehemann zu distanzieren, denn eine Scheidung ist wie ein Tabu für mich.

<u>Szene: ich sitze zuhause an der Nähmaschine:</u>

Eine Jeans von Angelo hat ein Loch. Ich bemühe mich redlich mit Zickzack Stich das Loch zuzunähen. Ich sehe gleich die Szene drauf wie die Stelle bald wieder reißt, und Angelo darüber etwas traurig ist. Ich sehe ihn auch seinen Kopf betrachten und zu mir sprechen:" da mein Geist so sehr in Mitleidenschaft gezogen ist, fallen meine Haare auch so schlecht". Er kauft einen echten Hornkamm, um die Sache doch wenigstens ein wenig in den Griff zu kriegen.

Szene: Ich bin mit meinem Mann in Holland auf Tournee mit. Der Tapetenwechsel tut mir gut. Ich genieße die Nord bzw. Ostsee. Schaue den Sportlern zu, wie sie den Wind ausnutzen und so schnell den Strand entlangfahren. Dem Kiteboarding zusehen ist richtig spannend!

 Nach einigen Konzerten und Einladungen werde ich nachhause geschickt und die Musiker bleiben noch. Irgendwie bin ich in Kontakt mit Angelo getreten, und er hat angeboten, mich vom Flughafen abzuholen. Es war ein Sommertag. Er steht da. Ich erlebe unsägliche Freude bei seinem Anblick. Es ist absolut romantisch von einem geliebten Wesen vom Flughafen abgeholt zu werden. Danke heute noch dafür!!! Und doch etwas verstohlen machen wir uns schnell davon. Wieder einmal geht es aufs grate Wohl in die Stadt Wien. Angelo dreht das Autoradio auf. Gerade haben wir beschlossen, an die Alte Donau zu fahren, wo seine Tante einen Strand hat. Er kommt drauf, dass er den Schlüssel nicht mithat, und so bleiben wir an einem öffentlichen Abschnitt stehen.

Während das Autoradio läuft, gesteht Angelo, dass seine Gedanken wieder gelesen werden und oft veröffentlicht werden. Er leidet sehr darunter und weiß nicht, wie er sich schützen kann.

Wir steigen aus und genießen das Bad, diese willkommene Abkühlung. Im Wasser fühle ich ihn und er fühlt mich, es ist unbeschreiblich intensiv, als wir uns in dieser Art fast Schwerelosigkeit berühren. Es ist zu viel. Wir sind noch dazu in der Öffentlichkeit. Diese Episode bleibt kurz. Als wir jedoch wieder im Auto sitzen und das Radio wieder läuft, erzählt der Sprecher genau, was wir

gerade erlebt haben, speziell aus
Angelos Sicht. Er ist schwer aufgebracht,
und unsere schöne Stimmung ist
verpatzt.

SIEBENTER AUFTRITT
Titus und Sesto.
TITUS
tritt nahe, und feierlich zu Sesto
Du also wolltest meinen Tod?
Was reizte dich zu dieser Tat?
Sprich frei mit mir, noch ist's der Freund,
Und nicht den Kaiser, der dich hört.

SESTO
fällt vor ihm auf die Knie
O diese Milde, grosser Kaiser,
Sie schlägt noch mehr mein Herz zu Boden
Ich habe eine Bitte nur;
Gib mir den Tod, und lass mein Blut
Die grosse Lasiertat versöhnen.

TITUS
hebt ihn gerührt auf.
Erheit're deinen Blick, mein Sesto!
Verblendeter! du wolltest herrschen,
Sieh an die Früchte, die ich sammle,
Sie heissen Undank, und Verrat;
Ist wohl mein Los beneidenswert?

SESTO
Nicht Herrschsucht reizte mich zur Tat.

Nur Schwachheit - Leichtsinn. - Edler Fürst,
O lass mich schweigen, lass mich sterben!

TITUS
Ein Geheimnis martert dich,
Lege es in Freundes Busen.

SESTO
Meine Tat verdient den Tod.

TITUS
Nicht dies hoffnungslose Schweigen,
Warst du nicht stets mein Vertrauter?

SESTO
für sich
Welch ein Kampf in meiner Seele?

TITUS
Sesto! bin ich nicht dein Freund?

SESTO
Nein, ich kann nicht länger schweigen,
Wisse also -
sich plötzlich besinnend
Was beginn' ich?

TITUS
Rede frei, was willst du sagen?

SESTO
Dass ich selber mich verachte,
Dass die Götter auf mich zürnen,
Dass ich mir den Tod nur wünsche.

TITUS
beleidigt
Der dir werden soll Verruchter.
Wache!
Die Wache kommt.
Wache! führt ihn fort!

SESTO
Lass mich diese Hand noch küssen.

TITUS
Fort! Jetzt bin ich dein Gebieter.

SESTO
Gewähre diese letzte Bitte.

Arie

SESTO
Da ich einsam vor dir stehe,
Denk' an deine erste Huld;
Denn was mir den Tod verbittert,
Ist Verachtung, Hass von dir.
Unwert bin ich deines Mitleids,
Jeder Lebenshauch sagt mir's,
Dennoch zürntest du gelinder,
Könntest du mein Leiden sehn.
Voll Verzweiflung werd' ich sterben,
Aber ohne Furcht und Schrecken;
Das Gefühl nur ist mir quälend,
Dass ich dir Verräter war.
O wie ist mein Herz beklommen
Das sein Leid nicht klagen kann.

Geht ab.

Szene:

ein ausgedehnter Spaziergang um den Lainzer Tiergarten. Wir dürfen noch einmal unsere Verbindung fühlen in der Einheit mit der Natur sein. Er erzählt, dass er da öfter joggen geht und mit seinem Hund Ares spazieren geht.

Es breitet sich eine große Wiese vor unseren Augen aus. Wir schauen sie lange an, 2 Rehe oder ähnliche Tiere lassen sich kurz blicken. Angelo spricht:" Als ich klein war, bin ich einmal an einer Pferdekoppel vorbeigekommen. Ich konnte verstehen, wie ein Pferd gerufen hat:" Hi Incarnation!" Die Landschaft breitet sich weiter vor uns aus und ohne zu denken werden wir Teil davon.

Wir kommen zurück nachhause zu mir. Er legt sich entspannt ins Bett und genießt unsere Zweisamkeit. Angelo weiß, dass er ein absolut reines Wesen ist. Aber er kann sich nicht spüren, und er kann sich den Menschen nicht offenbaren. Er ist psychisch schwer angeschlagen. Ein Engel im Krieg! (Arik Brauer)

FÜNFTER AUFTRITT

Publius mit dem Urteil. Vorige.

PUBLIUS
Meine Ahnung ward zur Gewissheit,
Sieh hier des Senates Beschluss.

TITUS
Götter! ists möglich? Sesto ist schuldig?

PUBLIUS
Er war selbst des Verbrechens geständig,
Schrecklich, doch billig ist seine Strafe.
Er werde vor allen im Amphitheater
Den reissenden Tieren zur leckeren Speise;
Hier leg' ich das Urteil zur Unterschrift vor.

TITUS
nimmt das Urteil
Ihr Mächte des Himmels! stärkt jetzt meinen Arm!
Er setzt sich an einen Tisch, worauf sich Schreibgeräte befindet.

Die Bande der Freundschaft sind zerrissen,
Das Urteil ist billig. - Sesto sterbe -
- - Warum ergreift ein Zittern die Rechte
Wenn sie sich anschickt zum tötenden Zuge?
Soll ich ungehört ihn verdammen,
steht auf
Nein, noch einmal muss ich ihn sehen
ruft
Wache, man führe den Sesto zu mir!

Arie und Szene

TITUS
für sich
Er sterbe!
zu den übrigen
Entfernt euch alle!
Er muss jetzt sterben
Ihn retten vom Verderben
Kann keine Menschenmacht.

DIE ÜBRIGEN DREI
Ist dies des Titus Milde,
Tod verkündet uns sein Blick.

TITUS
Freundschaft war ihm nicht zu heilig,
Mit zärtlichen Gefühlen
Trieb er nur Kinderspiel;
Ha, schändlich hat er den Freund betrogen
Der nur sein Bestes wollte,
Strafe fodert sein Vergehn.
Gerecht ist meine Rache
Gerecht ist meine Wut.

Zu Ende der Arie tritt Titus in den Vordergrund der Bühne. Annius und Publius gehen ab. Publius kehrt wieder zurück.

Szene:

 eine Fahrt nach Italien ist geplant. Musikerfreunde meines Mannes haben sich bereiterklärt, Ihn und mich im Auto mitzunehmen. Angelo hatte gesagt:" Ich traue mich nicht mit meinem Auto zu fahren. Die Strecke ist so lang, vielleicht geht es ein, oder meine Konzentration ist nicht so stark."

Sie nehmen uns mit. Wir bleiben an der letzten Raststation in Österreich vor dem Brenner stehen und wir kehren ein. Ich gehe auf die schöne Toilette. Angelo auch. Wir sehen den Steineautomaten. Angelo spricht von den Kräften der verschiedenen Steine. Und dass er den blaugrauen Stein gut brauchen kann. Er bestellt sich Marillenpalatschinken. Es bleibt keine weitere Zeit. Die zwei

Musiker (Ehepaar: Christof und Annegret) wollen weiter. Wir sind geduldete Mitfahrer, bekommen zu spüren, dass wir nicht besonders gerne mitgenommen sind. Nach 11 Stunden Fahrt kommen wir geschlaucht an. Es wird ein Abenteuerwochenende für hunderte Meditierende, wir schlafen in Zelten für Männer und Frauen getrennt. Ich gehe zum nahen Fluss und stecke die Füße hinein. Ich komme zurück in das kleine Dorf, und sehe einen Freund von mir, ich begrüße ihn, und nach wenigen Worten sagt er mir, dass Angelo am Fluss sei, und er mich gesucht hätte. Ich kehre zurück und finde ihn, wie er sich gerade anschickt als Ganzer in das kalte Wasser zu gehen. Ich habe meinen Bikini dabei, und nach der umständlichen Umziehaktion, gehe ich auch etwas mehr hinein als mit den Füssen. Ich beobachte ihn, wie er ganz nach innen gekehrt mit einer zerrissenen Badehose bekleidet, wie ein

Asket, seinen schlanken und wohlproportionierten Körper, langsam immer tiefer ins Wasser taucht.

 Ich liebe diesen Anblick, und bemerke zugleich, wie andere Leute gar nicht wohlwollend herüberschauen, und ich spüre ihre Verurteilung. Nicht nur ihn, sondern auch die Tatsache, dass er mit mir ist. Ich verdränge, dass ich mich sehr schuldig fühle.

SECHSTER AUFTRITT

PUBLIUS
Sesto erwartet deine Befehle.

TITUS
Führt ihn herein, und bewacht ihn genau.

PUBLIUS
führt Sesto herein
Näh're dich Sesto, den Blicken des Kaisers.

Terzett

SESTO
Ha! welch ein Blick von Titus!

O Himmel! wie verschwunden
Ist seine vor'ge Güte,
Jetzt zittre ich vor ihm.

TITUS
O ew'ge Götter! dass ist Sesto!
Kaum sieht er sich mehr ähnlich.
Wie mächtig ein Verbrechen
Des Menschen Stirn entstellt.

PUBLIUS
Tausend verschiedne Triebe
Durchkreuzen Titus Seele
Durch sie vielleicht gedrungen
Gibt er der Grossmut Raum.

TITUS
Sesto? nahe dich!

SESTO
O Worte, die mir das Herz durchschneiden!

Bleibt in der Entfernung stehen.

TITUS
Du hörst nicht?

SESTO
Ach wie wird mir
Ich glühe, ich bebe vor Angst

TITUS UND PUBLIUS
Angst ergreifet den Verräter
Sein Aug' schliesst sich vor Scham

SESTO
Wie gross ist meine Pein
O Götter, welch ein Schmerz!

Titus gibt dem Publius einen Wink, der sich dann mit der Wache entfernet.

Szene:

Nach unserer Abkühlung im eiskalten Gebirgsfluss schlendern wir den Fluss stromaufwärts, am unregulierten Ufer entlang, an Büschen vorbei, durch Sand und Schotterbänke. Wir bemerken eine stillgelegte Sandgewinnungsvorrichtung. An diesem sandigen verlassenen Platz, hatten sich genau jene Künstlerfreunde zusammengefunden, die wir damals eingeladen hatten, um den Nachmittag an diesem verlassenen Ort zu genießen. Wir stoßen zu ihnen und werden aufgenommen. Wir werden genau beobachtet, und ich getraue mich nicht mehr zu Angelo zu sehen. Er macht es sich gemütlich, indem er sich auf den Sand legt. Sehr bedacht und bewusst spricht er was den anderen gefällt, und ich bemerke, dass sie auch seine Gegenwart anfangen zu genießen.

Diese Szene verschwimmt mit einem Traum, den ich von Angelo etwa zur gleichen Zeit habe: Er spielt an demselben Ort. Auch die Freunde sind da. Angelo hat sich auf einen Liegestuhl gelegt. Ich möchte mich auch gerade auf einen Liegestuhl legen, er sagt zu mir, ohne dass die anderen etwas davon mitbekommen:" Sara, weißt du, wie du auch für die Anderen Platz machen kannst? Er zeigt es mir vor: Er ist imstande sich kleiner zu machen und seinem Beispiel folgend vermag ich auch mich kleiner zu machen. Irgendwie sorgt unsere kleinere Form dafür, dass die anderen auch Platz haben sich gemütlich hinzulegen."

Szene: fast kommen wir zurück zur Oper
Tito, doch nach einigen Fetzen Musik
tauchen wir in die nächste Traumszene
ein. Hier zeigt mir Angelo, wie man
fliegt. Er ist mein Lehrmeister.

In jenem Traum erscheint er mir als
Raubvogel, wenn nicht Eule (es ist
Dämmerung, fast Nacht) er überholt
mich auf meinem Weg und ich erkenne,
dass dieser Vogel Angelo ist, der sich
verwandelt hat. Er fordert mich auf auch
zu fliegen. Seinem Vorbild folgend fliege
ich hinter ihm her durch den fast
schwarzen Himmel. Wir erkennen ein
Haus. Angelo fliegt durch das eine
geöffnete Fenster hinein, ich folge ihm.
Beim gegenüberliegenden Fenster geht
es hinaus. Ich kann nicht so gut fliegen,
bin sehr tief unten nah am Boden, aber
sein Vorbild und seine Führung
ermöglichen mir das erste Fliegen. Bei
diesem wunderschönen Nachtflug in
gemeinsamer Unbeschwertheit erlebe

ich in größter Verzückung wie gut es ist zu fliegen.

<u>Szene zurück in Italien</u>: auf dieser Reise, ist es uns möglich zwischen den gemeinsamen Meditationen, alleine in die Wildnis, die uns dort umgibt „unterzutauchen" und Zeit zu zweit zu verbringen. Ich gebe ihm einen Kuss. Angelo schaut mich verwundert an und fragt:" ist es schön zu küssen? Ich tue das eigentlich nicht."

Ich bin dazu da ihm zu dienen und zu nützen, also sehe ich von Küssen ab. Wir erleben den inneren Kampf, dass ich auf seiner Seite stehen soll und möchte, und es ständig von außen, von den Menschen um uns herum boykottiert wird. Auf der anderen Seite darf ich nur so weit gehen, wie er es unbedingt braucht und will. Heute Abend nach der Meditation gehen wir noch ein Stück durch die schwarze Nacht, die doch vom Mond erhellt ist. Wir gehen einen Weg am Fluss entlang in die andere Richtung, also stromaufwärts. Es gibt Natur, den Weg und ganz vereinzelt alte Häuser. Wir gehen Stunden. In seinem Schweigen erkenne ich seine große Persönlichkeit. Er geht wie ein edler weiser Mann, sehr nach innen gekehrt mit dem Blick auf das Wesentliche. Ein wenig halten wir uns an den Händen. Es geht eindeutig darum in der Stärke der Zweisamkeit zu wachsen und Neues zu erkennen. Wir sind auf einem wundersamen Pfad. Erst beim Morgengrauen kommen wir zurück und legen uns in unsere Schlafsäcke.

Es ist ein warmer, fast heißer Tag. Angelo nimmt mich auf den Hügel auf der anderen Uferseite mit. Wir gehen eine Weile eine alte Straße entlang in eine unbewohnte Gegend. Hier ist ein ganz alter Garten. Der Zaun ist völlig kaputt. Steine liegen herum, die einmal zum Zaun gehört haben. Angelo bittet mich mit ihm in diesen Garten zu gehen. Er möchte mich lieben. Er umarmt mich, er küsst mich er beginnt mich auszuziehen. Es ist eine Not aus der er handelt. Er möchte mich lieben, lieben, lieben, und ich bin die Seine. In meinem Inneren kann ich nur aus Verzweiflung sagen (zu mir selbst): „ich bin nicht dieser Körper." Wir lieben uns in der Natur, es ist hohes Gras die Natur ist intensiv und umgibt uns mit ihrer wunderbaren Aura.

Angelo spricht:" in meinen früheren Leben habe ich so viel ertragen und gelitten, dass ich in diesem Leben nicht weiß, wer ich bin. Weißt du schon, wer du bist?"

Diese Frage, das zweite Mal an mich gerichtet, habe ich auch schon ein wenig in meinem Inneren geforscht, ... ich denke nach. Es fällt mir wirklich nichts ein, was diese Frage beantworten kann. Ich weiß ja nicht einmal wer ich in

früheren Leben war. Ich beschließe ab
nun die Antwort zu finden. Ich will
begreifen wer ich bin. Ich fühle, dass
diese Antwort zugleich das Ende des
mangelnden Selbstbewußtseins sein
kann. Das Einzige, das ich in diesem
Moment fühle und erlebe, ist die große
Liebe und Zusammengehörigkeit mit
Angelo. Ich erfahre seine Liebe als Tor
zu einem viel größeren Verständnis
allgemein.

Wir kommen zurück ins kleine Dorf und
gesellen uns zu ein paar bekannten
Meditierenden in den schönen
Gastgarten eines Cafes. Wir versuchen
die Gesellschaft zu genießen, uns ein
wenig zu integrieren. Aus Neugier
nehmen sie uns auf und lassen uns ein
wenig an ihrer Konversation teilhaben.
Wir verhalten uns freundlich und sind
bemüht die tiefe Wahrheit zwischen uns
im Verborgenen zu lassen. Von allen
Seiten bekomme ich wortlos zugespielt,

dass Angelo nicht in Ordnung sei. Wenn wir in Gesellschaft sind, bekomme ich schwere Zweifel daran, ob ich das Richtige tue. Niemand ist mit mir oder hat auch nur das geringste Verständnis für mich.

<u>Szene mit meinem Psychologen in der Jetztzeit:</u>

<u>Er sagt :„ (nachdem ich erwähnt habe, dass ich als Kind sehr sehr ehrgeizig gewesen war)</u> und mich schon in der Volksschule auf den Boden geworfen hatte, weil die Handarbeitslehrerin mir als einziger nicht gestattet hatte, die Häkelarbeit übers Wochenende nachhause zu nehmen um weiterzuarbeiten.: Du hast damals schon so sehr um Liebe und Anerkennung gekämpft, weil du sie nie bekommen hast.

Aus heutiger Sicht kämpfte ich an allen Fronten gleichzeitig um Liebe. Heute weiß ich, dass es die Lieblosigkeit in meiner Kindheit ist, die mich zu diesen Gefühlen und Nöten treibt, und getrieben hat, seit ich denken kann.

Durch die Liebe, die Angelo mir entgegenbringt, ist es mir erstmals in meinem Leben möglich ein wenig aufzuwachen und, wenn auch anfangs nur Augenblicke weise, die Wahrheit über mich selbst zu erahnen. (Nun erinnere ich mich an Mozarts Zauberflöte:" der Mensch lebt durch die Lieb allein.)

Ich kann auch viel tiefer meditieren und die Zusammenhänge im Tao immer besser verstehen. Er ist mir der wichtigste von allen Meistern.

Wir gehen über ein Kopfsteinpflaster. Angelo sagt:" Ich werfe diese Münze in meiner Hand, und sie wird genau an einer bestimmten Stelle zu liegen kommen, wenn es wahr ist, dass ich die

Urseele von Mozart und Michelangelo bin." Ich versuche mich nicht zu involvieren, und bin doch mehr als verzaubert und beglückt und erstaunt, dass die Stelle, wo die Münze zu liegen kommt, tatsächlich bestätigt, dass es wahr ist.

Ich erfahre in dieser Meditation noch mehr innere Bestätigung über sein wahres Wesen. Zum Abschluss werden wir alle aufgefordert aufzustehen, und an das zu denken, war uns am Wichtigsten ist. Ich versuche ganz stark an das Wohl der ganzen Welt, Frieden und Gesundheit usw. zu denken, doch das Unglaubliche ist: ich sehe nur Angelos Penis vor mir. Es ist mir zugleich unendlich peinlich, wie es auch wahr ist. Das ewige Alles bestätigt mich durch ein wohlwollendes Lächeln das unmissverständlich mir genau in jenem Moment, wo der Penis in meinem Kopf ist und ich peinlich berührt um mich sehe, gilt.

Selbst nach diesem Vorfall bin ich nicht im Stande meine Ehe zu verlassen.

Jetzt in der Gegenwart Titos begreife ich in diesem Moment, dass das die Schuld ist, die ich fühle, und von der mich Tito in seiner Großmut jetzt befreit.

<u>Szene zurück in der Kammeroper:</u>

SIEBENTER AUFTRITT
Titus und Sesto.

TITUS
tritt nahe, und feierlich zu Sesto
Du also wolltest meinen Tod?
Was reizte dich zu dieser Tat?
Sprich frei mit mir, noch ist's der Freund,
Und nicht den Kaiser, der dich hört.

SESTO
fällt vor ihm auf die Knie
O diese Milde, grosser Kaiser,
Sie schlägt noch mehr mein Herz zu Boden
Ich habe eine Bitte nur;
Gib mir den Tod, und lass mein Blut

Die grosse Lasiertat versöhnen.

TITUS
hebt ihn gerührt auf.
Erheit're deinen Blick, mein Sesto!
Verblendeter! du wolltest herrschen,
Sieh an die Früchte, die ich sammle,
Sie heissen Undank, und Verrat;
Ist wohl mein Los beneidenswert?

SESTO
Nicht Herrschsucht reizte mich zur Tat.
Nur Schwachheit - Leichtsinn. - Edler Fürst,
O lass mich schweigen, lass mich sterben!

TITUS
Ein Geheimnis martert dich,
Lege es in Freundes Busen.

SESTO
Meine Tat verdient den Tod.

TITUS
Nicht dies hoffnungslose Schweigen,
Warst du nicht stets mein Vertrauter?

SESTO
für sich
Welch ein Kampf in meiner Seele?

TITUS
Sesto! bin ich nicht dein Freund?

SESTO

Nein, ich kann nicht länger schweigen,
Wisse also -
sich plötzlich besinnend
Was beginn' ich?

TITUS
Rede frei, was willst du sagen?

SESTO
Dass ich selber mich verachte,
Dass die Götter auf mich zürnen,
Dass ich mir den Tod nur wünsche.

TITUS
beleidigt
Der dir werden soll Verruchter.
Wache!
Die Wache kommt.
Wache! führt ihn fort!

SESTO
Lass mich diese Hand noch küssen.

TITUS
Fort! Jetzt bin ich dein Gebieter.

SESTO
Gewähre diese letzte Bitte.

Arie

SESTO
Da ich einsam vor dir stehe,
Denk' an deine erste Huld;

Denn was mir den Tod verbittert,
Ist Verachtung, Hass von dir.
Unwert bin ich deines Mitleids,
Jeder Lebenshauch sagt mir's,
Dennoch zürntest du gelinder,
Könntest du mein Leiden sehn.
Voll Verzweiflung werd' ich sterben,
Aber ohne Furcht und Schrecken;
Das Gefühl nur ist mir quälend,
Dass ich dir Verräter war.
O wie ist mein Herz beklommen
Das sein Leid nicht klagen kann.

Geht ab.

Unter Tränen erklingt nicht hörbar für das übrige Publikum in der Oper:" Danke dir vielmals, bitte verzeih mir meine Fehler! Ja so sehr liebe ich dich und deinen Penis!"

<u>Szene zurück in Italien: Wir sind mit den Musikerfreunden auf der Heimfahrt in deren Auto.</u>

Wir bleiben an derselben Raststation wie bei der Hinfahrt stehen. In einem wunderschönen Tal an der Grenze zu Südtirol, schon in Österreich.

Wir kehren wieder ein und nehmen eine schöne Jause zu uns. Angelo flüstert mir zu, dass er kurz einen Weg ausprobieren will. Schon ist er auf und davon. Ich bin zu träge um gleich mitzukommen, auch habe ich bestellt und kann jetzt nicht weg. Nachdem ich meinen Kaffee getrunken habe, ist er noch nicht zurück und ich sage Christof und Annegret:

"ich möchte ihn suchen gehen!"

Sie sehen einander an, sagen:" Wir mischen uns ja nicht ein, aber wir würden ihm nicht nachgehen, das ist zu gefährlich!"

Schnell laufe ich den einzigen Pfad der direkt in den Wald führt. Eigentlich ist die Raststation umzäunt, aber ein Loch in der Umzäunung lässt mich weitergehen, und ich bin mir sicher, dass ich Angelo finden werde. Bald stehe ich am Ufer eines wunderschönen Gebirgsflusses, am anderen Ufer ragt ein hoher Felsen auf. Das hatte man von der Autobahn aus nicht ahnen können!!

Angelo sitzt in sich gekehrt am Ufer auf einem ca. ein Meter hohen Felsbrocken. Ein besonders malerisches Bild. So friedlich und ruhig, im krassen Gegensatz zu meinem aufgewühlten Geist. Ich bin für ihn da und war doch beunruhigt, als ich durch den einsamen Waldpfad gelaufen war. Bezaubert setze ich mich zu meinem Geliebten und sehe ins Wasser, dann zu ihm. Eine Weile genießen wir den Moment. Da gibt Angelo mir ein Bussi auf die Wange und strahlt mich an. Er hatte mir ein ganz besonderes Geschenk gemacht. In dem Moment fühlen wir uns wie die Raffael Putten, wo das eine dem anderen ein Bussi gibt. Gemeinsam kehren wir zum Auto zurück im Bewusstsein einen gemeinsamen Schatz gehoben zu haben.

„Durch die Liebe zu dir kann ich die Worte des ewigen Alles erstmals hören und verstehen."

Szene zurück in der Kammeroper:

ACHTER AUFTRITT

TITUS
allein
Das Los ist geworfen! - Sesto sterbe!
Noch fehlet mein Name - ich will unterschreiben.
Er unterschreibt das Urteil.
Stimme der Freundschaft! ich darf dich nicht hören,
ist schuldig - ich kann ihn nicht retten.

Geht ab.

eine Schlüsselszene in der Handlung, die den Großmut Titos zeigt. Ich schwimme in der Handlung mit, und wir erleben quasi einen weiteren Aspekt von Angelos großem Charakter.

Szene zuhause mit meinem Mann:

Mein Mann:" gell Sara, du weißt schon, wie gefährlich Angelo ist. Er hat seine schweren psychischen Probleme, und ich kann ihm nicht helfen! Du musst dich von ihm fernhalten!"

 In diesem Moment beschließe ich felsenfest, den Willen meines Ehemannes zu befolgen. Ich bekomme wieder heftige Angst und Unsicherheit, was Angelo betrifft und bekämpfe sie zugleich, weil ich Angelo nicht aufgeben darf. Es entsteht eine neue Welle der Unsicherheit und Angelo und Sara werden wie auf hoher See umhergebeutelt. Aus Loyalität meinem Ehemann gegenüber und aus Angst die Ehe zu brechen, bin ich für Angelo bis auf weiteres nicht erreichbar.

 Eines Tages läutet es an der Tür. Ich bin gerade allein zuhause. Arglos öffne ich die Türe an der Gegensprechanlage ohne zu fragen. Angelo ist da und nimmt mich wortlos mit. Ich wehre mich nicht, ich frage nur was wir machen. Mein Herz ist voller Liebe und Sehnsucht nach ihm. Während der Zeit des Schweigens habe ich doch fortwährend an ihn gedacht und ihm meine Liebe geschickt. Ich möchte ja mit ihm sein. Er bringt mich, ohne zu antworten, zu seinem Auto und wir fahren auf den Koglberg, wo, wie ich schon weiß, seine Mutter wohnt. Ein schöner Bungalow in sehr luxuriöser Gegend. Angelo geht hinein und zeigt mir sein Kinderzimmer. Es hat einen Ausgang in den Garten. Ohne Worte beginnt er mir die Hose und Unterhose auszuziehen, und ich sehe ihm zu, wie er seine eigene Hose von seinem perfekten Körper streift. Doch tut er es so, als ob jener Körper nicht wirklich zu ihm gehört. Er liebt mich ganz innig und heftig und ich erwidere seine Liebe von ganzem Herzen. Er ist in mich gekommen.

<u>Szene der schlimmen Unruhe</u> : ich beunruhige mich nun, ob ich schwanger bin. Ich traue mich natürlich mit

niemandem darüber reden, und als die Regel ausbleibt, gehe ich im Geheimen zum Arzt ich erfahre:

" Gratuliere, sie sind schwanger und das Baby sieht sehr kräftig und gesund aus!"

Es freut mich, trotz der für mich ausweglos erscheinenden Situation, das zu hören.

Man sieht mich spazieren gehen. In stiller Sorge und Beunruhigung.

<u>Szene Waldach am Kamp:</u>

Unsere Familie fährt übers Wochenende zu der Oma meines Mannes nach Waldach am Kamp. Ich verberge im Zug und überall meine Übelkeit, und ich finde, dass mein Bauch schon wächst.

> In Waldach gehe ich allein auf einen Morgenspaziergang und sehe einen Feuersalamander über die feuchte Wiese stapfen.

Er ist für mich wie ein Zeichen.
Ich kann es leider nicht
verstehen.

Nach der mindesten Wartezeit, gehe ich in eine Klinik für Abtreibung. Es kostet für meine Begriffe sehr viel Geld. Gott sei Dank finde ich noch ein Sparbuch mit jener Summe. Ich löse es kurzer Hand auf.

Ich bin schwer bedrückt und zugleich erleichtert, als ich die Abtreibung hinter mir habe. Es dauert doch länger als einen halben Tag, und ich muss meinen Mann vertrösten, ich sage, dass ich ein wenig für mich allein sein wollte.

<u>Szene: zuhause:</u> Mann:" wo warst du so lange? Ich habe mir Sorgen gemacht!" ich sage:" (zuerst nichts, dann widerwillig:" ich wollte ein wenig für mich allein sein."

<u>Szene:Ein paar Tage später mache ich mit Angelo in der Gegend Lainzer Tiergarten einen Spaziergang.</u>

Eine traurige Stimmung. Ich gestehe:" ich war von dir schwanger und habe das Kind abgetrieben."

Angelo:" ich verstehe, dass du ein Kind von einem psychisch Kranken nicht willst. "Es ist liebevolles Verständnis, das aus ihm spricht. Absolut rührend! Damit ist die Geschichte fertiggesprochen. Ich denke bei mir:" nicht wegen der psychischen Krankheit habe ich das Kind wegmachen lassen, sondern weil ich verheiratet bin."

Am nächsten Tag kommt Angelo zu mir und überreicht mir ein Kuvert mit der Hälfte der Summe, die die Abtreibung gekostet hat. Und das, obwohl ich gar nichts von Geld erwähnt habe.

<u>Szene in der Kammeroper:</u>

NEUNTER AUFTRITT
Kurzes Zimmer. Vitellia, und Publius kommen von entgegengesetzten Seiten.

VITELLIA.
Publius!

PUBLIUS
Mich rufen Geschäfte zum Kaiser.

VITELLIA
Und Sesto -

PUBLIUS
Erscheinet im Amphitheater.

VITELLIA
So stirbt er? Hat er mit dem Kaiser gesprochen?

PUBLIUS
Sie waren geraume Weile allein.
Die Pflicht gebot mir, mich zu entfernen.

Geht schnell ab.

ich fühle mich traurig und unwiederbringlich verloren. Ich habe das Kind von meiner großen Liebe abgetrieben!!!!!! Was auch immer Titus gerade singt, ich bin vollkommen verzweifelt, und das nach 18 Jahren! Ich will ihn und das Kind zurück!!!!!

Szene: die Erinnerung bringt mich zurück in meine Wohnung.

Ich habe mich mit Angelo verabredet. Er sagt per Telefon ab:" ich bekomme neue Zahnkronen, ich kann jetzt nirgends hingehen!"

Ich frage:" soll ich zu dir kommen?"

Ich freue mich zu ihm zu kommen. Ich koche ihm ein Grießkoch und versuche für ihn da zu sein. Er möchte mit mir schlafen. Ich kann nicht. Ich habe zu große Angst. Es kommt zu einer kleinen Auseinandersetzung, und ich verlasse seine Wohnung. Es ist sehr traurig für mich und unendlich traurig für ihn. Er schaut mir traurig aus dem Fenster im 4. Stock nach.

Szene in der Kammeroper:

ZEHNTER AUFTRITT
Vitellia, dann Annius und Servilia von verschiedenen Seiten.

VITELLIA
So kalt spricht Publius mit mir?
Er eilte weg, als scheut' er sich
Mit der Verbrecherinn zu sprechen.
Gewiss hat Sesto mich verraten.
Nun fort zu Titus, er soll wissen,
Was zur Verschwörung mich bewog.

SERVILIA
kommt
Vitellia, rette meinen Bruder!

ANNIUS
kommt
O Fürstin, rette meinen Freund!
Er wird den grimmigen Löwen zur Beute.

VITELLIA
Was kann ich Arme für ihn tun?

SERVILIA
Du wirst des Kaisers Gattin,
Dir versagt er keine Bitte.

VITELLIA
Ist es Wahrheit was ihr sagt?

ANNIUS
Noch vor Untergang der Sonne,
Schliesst er dich in seinen Arm,

Eben gab er mir den Auftrag
Feste aller Art zu ordnen.

VITELLIA
Geht, ihr Lieben! Sesto Rettung,
Nehme ich allein auf mich.

Servilia, und Annius verbeugen sich gegen sie und gehen ab.

ich brauche dringend die versöhnliche Atmosphäre, die er hier ausstrahlt. Bin unendlich froh, dass er mir vergibt. Die Gedanken bringen mich zurück zu einer verwunderlichen Begebenheit.

Eine junge Frau, die im Bereich Wirtschaft erfolgreich war, kommt auf mich zu, und fragt mich eines Tages ohne ersichtlichen Grund:"

„Willst du mit mir Reiten gehen? Ich habe am Land ein Pferd und das werde ich morgen wieder reiten. Wenn du möchtest, kannst du auch reiten."

Ich bejahe hocherfreut, denn es ist ein unerfüllter Wunsch von mir. Immer schon wollte ich reiten gehen.

Ich genieße die Fahrt mit ihr. Ich darf das Pferd reiten.-An der Lounge-. Es ist trotzdem wunderbar. Sie fragt mich:" wie ist das zwischen dir und Angelo?" Ich erzähle nichts. Besser gesagt, ich sage:" da ist nichts Besonderes zwischen uns. Ich kenne ihn einfach.

Nach diesem wunderbaren Ausflug komme ich sehr glücklich zu Angelo in seine Wohnung. Ich erzähle, was passiert ist. Er sagt ganz ruhig und langsam:" Sie möchte dein Vertrauen nur um dich auszufragen."

Ich bin erstaunt und ein wenig erschüttert. Aber ich lasse es mir nicht anmerken. Aus heutiger Sicht ist klar, dass er Recht hatte. Sie interessierte

sich nie wieder für mich.

Der Verlust war sicher unendlich groß, den Du Angelo erlitten hast. Aber der Verlust den ich hatte, als ich dich verloren habe, ist auch extrem groß.

<u>Szene am Lindwurm:</u> Die Zeiten haben sich geändert. Mein Mann duldet Angelo nicht mehr als mein Freund. Ich habe Verbot ihn zu treffen. Alles geschieht ab nun im Geheimen. Wir haben am Postamt Hietzing ein Postfach unter dem Namen Diskret. Er möchte was für mich schreiben und von mir etwas lesen.

Angelo liebt die Gegend um den Lainzer Tiergarten. Ich komme da auch gerne hin, um mit meiner Tochter auf dem wunderschönen Waldspielplatz zu sein. Angelo möchte so oft es geht dahin kommen um mich dann auf der hinteren Wiese, die uneinsichtig ist, zu sehen. Es klappt manchmal.

Am Lindwurm hinter dem Gasthaus am Beginn des kleinen Steiges wartet er auf das Wiedersehen mit mir. Ich gehe zu ihm und hoffe durch das kurze Treffen etwas Gutes für ihn zu bewirken. Ich bemerke gar nicht, dass ich ihn auch so sehr herbeiwünsche.

Wir sehen uns an, wir halten uns im Arm, vielleicht fünf oder 10 min. Dann schickt er mich sanft zurück zu meiner Tochter. Ungern verlasse ich die Arme und die Geborgenheit des Wesens, das mir so viel bedeutet. Wie immer hat er Recht. Er nimmt sich nur so viel, wie er gerade so zum Überleben braucht. Auch von meiner Gegenwart.

Szene in der Kammeroper:

ELFTER AUFTRITT
Vitellia allein.

VITELLIA
Sieh die Stunde, o Vitellia,
Die deine Treue prüft, ist nahe,
Hast du wohl Mut, zu bleiben,

Und deinen treuen Sesto
Für dich sterben zu sehn?
Sesto, der dich liebt,
Mehr, als sein eignes Leben;
Der deinetwegen Verbrecher wurde,
Der dir Grausamen folgte,
Dir Ungerechten huldigte?
Der nah im Tode sich
So treu dir beweiset?
Ha, und du könntest
Deiner Schuld nicht unkundig,
Zufriednen Mutes
Den Tron mit Titus teilen?
Stets würd' ich ahnden,
Dass mir Sesto erschiene
Mich fürchten, und ängsten, dass vielleicht
Jedes Lüftchen mich verrate an Titus.
Zu seinen Füssen eile ich,
Alles zu entdecken
Dies mindert vielleicht Sesto Verbrechen,
Ob ich gleich meine Tat
Nicht kann entschuldigen.
Der Herrschsucht und der Liebe,
Entsag ich auf immer.

Arie

Nie wird des Lenzes
Blume mich schmücken,
Nie wehn mir Hymens
Festlicher Kranz.
Doch nehmt Barbaren
Ja alles auch hin,
So bleibt der Tod mir

> Immer Gewinn.
> Unglücksel'ge, ach ich scheide,
> Und nur Fluch folgt mir von hier.
> Ach, wer meine Leiden kannte,
> Schenkte gern sein Mitleid mir.

Geht ab.

Ich staune unter all der Opernmusik, über Angelos ruhige und auch weise Art und Weise, wie er sanft und manchmal doch bestimmt, mir seine Liebe gezeigt hat.

Und ich habe es nicht verstanden. Trotz aller Bemühungen hatte mich die Angst etwas Falsches zu tun, fest im Griff. Gegen die Angst, geschürt von meinem Ehemann war ich total machtlos. Ich hielt was er sagt, für Wahrheit, absolute Wahrheit. Angelo versucht mich sanft herauszulösen. Allein durch mein geringes Selbstvertrauen halte ich es nicht für möglich, dass Angelo mich wirklich so sehr liebt.

„Angelo, du bist der Ur Held. In jenem Leben waren wir Inkognito da und verneigten uns vor dem ewigen Alles. Das Wichtigste war das ewige Alles und die Erfüllung seines Willens, seine Bestimmung. Wir haben es nicht geschafft uns soweit selbst zu erkennen, dass wir Im Lichte der Selbsterkenntnis zueinander finden hätten können. Du hast gewusst wer du warst, hast danach gesucht wer du in jenem Leben bist, ich teile dein Schicksal, weiß aber zusätzlich auch nicht wer ich in früheren Leben war.

Du erwecktest in mir einen winzigen Funken Selbsterkenntnis. Den möchte ich nützen um aus eigener Kraft Entscheidungen zu treffen und die Erkenntnis zu vergrößern.

In diesem Augenblick fallen mir die Worte des ewigen Alles ein:

Accept life as it is, as it is, whatever life is there, accept it. Don t retaliate, don t get angry, don tget upset, just accept. And you will enjoy the same life, which was irritating you. You will see the enjoying part of that, and it will be so beautiful the way you will see that you ll get over all your problems , you ll get over all your enimies, and a kind of fresh beautiful existence you ll have. (MAY 9, 1999)

<u>Szene: Wir fahren gemeinsam in seinem Auto:</u> durch seinen Heimatbezirk. (13. Bezirk) Er fährt in liebevollem bedeutungsvollem Schweigen, bleibt bei einer Apotheke stehen, um Schmerzmittel zu kaufen. Wir sind sehr angespannt, denn man darf uns gemeinsam nicht sehen.

Diese Situation wiederholt sich inzwischen schon öfter, - wir werden schon von Meditierenden zusammen gesehen, und wie es so ist, wissen bereits alle über uns Bescheid, -es missfällt anscheinend allen. Wir fühlen uns verfolgt und unter ständiger Beobachtung. Ich fühle mich wie eine Abtrünnige, eine von der Gesellschaft Verstoßene.

Ich bete: "Ewiges Alles, bitte erlaube uns zusammen zu sein. Ich hoffe ganz stark auf ein Zeichen von Oben, das die Aufnahme von uns gemeinsam in die Gesellschaft bewirkt.

Ich zeichne ein Bild und schreibe auf die Innenseite die Bitte um Vereinigung im Leben mit Angelo. Das ewige Alles nimmt meinen Brief sieht ihn sich genau an, erkennt, was ich gezeichnet habe, lacht darüber und spricht in so unbeschwerter Weise, als ob ich zur Familie gehöre. In dieser humorvollen Stimmung bin ich entlassen.

Allein die erlösenden Worte bleiben aus. Es ist aus irgendeinem Grund nicht im göttlichen Plan. Oder hätte ich an dieser Stelle mein Schicksal selbst in die Hand nehmen sollen? Ich habe den Mut nicht, kann den Gedanken nicht einmal zu Ende denken. Ich bin in meinem Bewusstsein nicht so klar. Mein Selbstbewusstsein ist zu diesem Zeitpunkt unentwickelt.

Wir nehmen nun Kurs auf meine Wohnung. Es ist nicht weit, nur am anderen Ufer der Wien. Wir kommen in die leere Wohnung. Ich koche ihm eine seiner bevorzugten Speisen. Marillenpalatschinken. Wir atmen langsam auf. Angelo findet sogar ein wenig Freude und einen Hauch von Ausgelassenheit, als er sich ins Bett, das in der Küche aufgestellt ist (als Kastenbett) gemütlich legt und mir beim Kochen zusieht.

Er umarmt mich lang und fest innig und freudig. Fast übermütig. Wir sind wieder zuhause in unserer großen Liebe und Einheit. Momente der Harmonie für immer. Wir lieben uns. Erst zaghaft, - ich bin schüchtern- dann mehr und mehr bis wir so starke Sehnsucht nacheinander haben, dass wir ….es ist ein Feuer, das mit Liebe größer und größer wird, obwohl wir es ständig einzudämmen versuchen……..Er fühlt sich perfekt an. Kein Mann passt auch körperlich besser zu mir! Es ist unzweifelhaft, und erlebte Wahrheit! Wir verbringen die Nacht gemeinsam und wachen am Morgen gemeinsam auf.

Angelo sagt:" Es ist ein Zeichen, wenn wir zugleich aufwachen, dass wir von der gleichen Art sind, zueinander gehören. Glücklich und in Harmonie wagen wir noch einen Spaziergang in der Natur, wo wir keinen Beobachter erwarten.

<u>Szene: in der Kammeroper: der Grund für meine Traurigkeit:</u> Mozarts Titus trägt uns in das Jahr 1997,

ich lausche den mozartschen Tönen und Akkorden.

Es wird ein Laienorchester zusammengestellt. Mein Mann wird als Cellist genommen und ich darf die Klarinette spielen. Ich spiele immer gerne die Klarinette, doch jetzt ist sie mir nicht so wesentlich. Wir fahren nach Italien und haben heftige Proben. Plötzlich wird mein Mann ganz aufgeregt. Es wird mir von Ihm und den anderen Meditierenden verboten, auch nur irgendwohin zu gehen. Ich erfahre, dass Angelo gekommen ist. Er will mich sehen, Sie lassen mich nicht zu ihm und ihn nicht zu mir. Ich darf in dem Probenraum bleiben und zum

Meditieren gehen, sonst nichts. Ich bin völlig eingehüllt von dem Schreck und der Furcht, die sich um mich ausgebreitet hat.

Am Abend beginnt die Meditation. Ich fühle mich vom Ewigen Alles bestätigt und unterstützt. Sie sagt: „In Wahrheit soll es keine Trennung geben."

Ich beziehe das auf die Einheit zwischen Angelo und mir, verstehe das als Bestätigung. Sie lächelt wohlwollend in jenem Moment zu mir. Gestärkt durch jene Meditation suche ich Ihn nach dem offiziellen Teil in dem Bereich, wo die Männer sitzen. Ich finde ihn und überreiche ihm als Zeichen meiner Zuneigung ein kleines Sweety. Ich bin sehr froh ihn gefunden zu haben. Danach muss ich wieder fort. Ich darf nicht bleiben. Als ich ihn erneut suche ist er fort. Ich bin sehr beunruhigt und kann nichts tun. An jenem Wochenende sehe ich ihn nicht mehr. So fahre ich in gewisser Beunruhigung nach Wien zurück.

Am nächsten Tag erfahre ich von den „Freunden", dass es von den Wichtigen unserer Meditationsgemeinschaft beschlossen wurde, dass Angelo nicht mehr zum Meditierenkommen darf. Ich darf ihn von meinem Ehemann aus nicht mehr sehen. Diesmal ist es offiziell und wird streng geahndet. Er verbietet mir auch mit ihm zu telefonieren. Mein Mann kontrolliert die Rufnummern. Ich stehe unter fortwährender Beobachtung. Mein Mann verfügt, dass ich alle Geschenke von Angelo weggeben muss. Er verfügt auch, dass ich an Angelo nicht mehr denken darf. Er fragt mich auch danach, und ist streng und hart. Er ist wie sich für mich jetzt endgültig herausstellt ein Mensch ohne Herz. Dieser Mann hat, wo andere ein Herz oder Mitgefühl haben ein seelisches Loch. Es fällt mir auf, dass ich schon zu Beginn unserer Ehe verzweifelt immer wieder die Frage an ihn gerichtet habe, ob er mich liebhat. Ich konnte nicht fühlen, dass er Liebe für mich hat.

Ich leide höllisch darunter und muss jetzt dafür, dass ich nicht begriffen habe, dass er es war, der nicht lieben kann, nicht ich war falsch, - er war es-. Durch diesen enormen Liebesmangel, den ich nun nicht nur von meiner Mutter erlitten hatte, sondern auch von meinem Mann erlebt habe, verliere ich das letzte bisschen Selbstbewusstsein, das vielleicht noch in mir gesteckt ist.

Die einzige Person, die mich wirklich geliebt hat, wird von mir abgeschirmt, als ob sie aussätzig gewesen wäre. Ich war in einer völlig schwarzen Zeit angelangt. Ich weiß nicht, wem ich vertrauen sollte. Die Unsicherheit hat mich in diese Pattstellung getrieben.

Die Gesellschaft der Meditierenden hat mich umso augenscheinlicher ins out gestoßen. Der Grund, weshalb sie diese Macht über mich erlangt hat, ist meine Unsicherheit. Ich bin so schwach, dass sie es mit mir machen können. Das Ewige Alles sieht alles mit Gleichmut an. Sie will, dass ich mein Selbstvertrauen entdecken würde, und aus eigener Kraft wachsen würde. An jenem Wochenende verliere ich all meine Liebe.

Verzweifelt gehe ich zu einem nahegelegenen Telefonhütterl und rufe Angelo an.

Ich frage:" Weißt du schon, was passiert ist?" Er antwortet:" Ja, Sara und ich bin den Wichtigen Personen, die das entschieden haben nicht böse. Ich habe mir vorgenommen ihre Gesetze zu respektieren!"

Ich schlucke, fühle mich alleingelassen, und verstehe in jenem Moment nicht, die Größe seiner Entscheidung. Er sagt auch:" Ich schneide mir dadurch ins eigene Fleisch!" Auch diese Aussage ist für mich nicht ohne schlechten Nachgeschmack. Er sagt auch noch zu mir:" Sara, du musst dich auch daranhalten!"

Ich fühle mich nun gänzlich auf verlorenem Posten.

Ich werde tun, was Angelo zu mir sagt, das ist mir klar. Ich hoffe, dadurch alles wieder „in Ordnung zu bringen".

<u>Szene bei mir zuhause. Ich liege mit meinem I Ging am Hochbett</u>, weine, werfe I ging Münzen weine, schaue zum Fenster in den Hof, und komme Stunden lang nicht heraus. Die Tage wiederholen sich in dieser Art und Weise. Es gibt für mich nur Trauer und Weinen. Dazwischen frage ich mich etwas (was soll ich tun, usw.) und weine. Ich habe nichts als Trauer und Verzweiflung in

meinem Herzen. Und ich mache mir große Sorgen um Angelo, wie es ihm wohl allein ginge! Ich kann nur das Schlimmste erahnen!

Meinen Mann hört man Cello üben kommen und gehen, manchmal zu mir hereinschauen, dann wieder seine Arbeit verrichten.

<u>Szene eines Spazierganges mit meinem Mann und meiner Tochter im Lainzer Tiergarten:</u>

als wir spazieren gehen, erkundigt sich mein Mann eindringlich, ob ich schon alles, was an Angelo erinnert weggegeben habe, er erkundigt sich ob ich die Gedanken an ihn schon losgeworden bin. Er erklärt mir, wie gefährlich und böse dieser Angelo sei, dass ich jede Erinnerung an ihn auslöschen müsse. Es dürfe weder ein Ding noch ein Gedanke an Ihn zurückbleiben, weil er so böse und schlecht sei. Wieder und wieder höre ich diese Worte. Sie klingen in meinem Ohr wie Gehirnwäsche, die alles daransetzt, dass Angelo und Saras Liebe beschmutzt wird, oder schlimmer. Vernichtet!!!

Ich tue, was er sagt. Alle Dinge, das sind hauptsächlich Gewandstücke, dann eine ital. Kaffeemaschine, Musikkassetten, das eine oder andere kleine Buch, Bilder, diese Dinge gebe ich in einen Sack. Ich bringe ihn weg. Mit dem goldenen Ring stelle ich mich auf die Brücke des Wienflusse und werfe ihn in großer Trauer und Verzweiflung hinein. Ich wünsche ihm das Beste. Ich fühle mich elend.

Wenn ich an Angelo denke, bin ich ganz traurig, weil er mir so leidtut. Sie behandeln ihn wie ein wildes Tier.

In meinem Inneren lege ich für mich selbst ein Gelübde ab: natürlich gehorche ich meinem Mann und gebe mich geschlagen. Aber ich werde Angelo nicht vergessen, oder ihn in den Schmutz ziehen. Darüber hinaus werde ich ihn immerfort lieben. Mein Leben soll darin bestehen ihm meine Liebe zu schicken. Im Geist. Mein Wesen ist ab nun völlig im Mantel der Trauer eingehüllt, abgewechselt durch heftige Verzweiflungsanfälle. Einige Zeit lang verharre ich in dieser Position.

<u>Szene: ich gehe allein auf den Lindwurm</u>.

(wo wir uns öfter gesehen haben). Ich lege mich ins Gras und weine und denke an Angelo. Dort wo der Berg den Himmel berührt, steigt eine riesige Herzwolke auf. Zu kitschig, um wahr zu sein. In dem Moment verstehe ich, dass wir uns so sehr lieben. Und ich kann in dem Moment etwas Frieden finden. Fast immer, wenn ich nach oben schaue formieren sich größere oder kleinere Herzen aus Wolken, oder aus

Wolkenfenstern. So ist meine Trauer immer wieder durchzogen von der Bestätigung der Liebe zwischen uns. Ich trinke die Bestätigung. Das I ging befrage ich auch. Und es kommt der Spruch 53 mit letzter Linie. Es beschreibt die Wildenten im Flug. Sie lassen hie und da eine Feder fallen als Symbol für einen Menschen der mit der Welt abgeschlossen hat und als Vorbild dient.

Angelo trifft sich ein letztes Mal mit mir. Er hat gebeten, dass ich in den 3. Bezirk komme. Wir treffen uns an der Straße. Ich sehe, dass er weder traurig noch wehmütig ist. Sein Entschluss ist unumstößlich. Er gibt mir ein Buch:" Ich schenke es dir zum Abschied." Es ist das Büchlein von Hermann Hesse: Titel: „Jedem Anfang wohnt ein Zauber inne" Dieses Buch zum Abschied, ist bis heute für mich ein ungelöstes Rätsel. So ein erhabenes Wesen war in mein Leben gekommen. Er hat zum Abschied einen zauberhaften Neuanfang geschenkt. Ich erinnere mich, an die Frage, was denn nun beginnt? Keine Antwort……………..

In meinem Geist bitte ich dich mein geliebter Angelo:" komm nochmal und erklär s mir."

Ein anderer I ging Spruch aus jener Zeit: Hundertfach verlierst du deine Schätze. Laufe ihnen nicht nach, Irgendwann später kommen sie wieder. (sinngemäße Interpretation von mir)

Finale
Vitellia, Servilia, Annius, Sesto, Titus, Publius, Chor.

SESTO
Du vergibst mir, o Grossmütiger,
Doch ach, mein Herz vergibt mir nicht.
Stets will ich weinen, und mein Vergehen bereu'n,
Bis mich das Grab umschliesst.

TITUS
Dein Herz voll wahrer Reue,
Das laut aus dir jetzt spricht,

Ist vielmehr wert, als ew'ge
Stets unverletzte Treu.

VITELLIA, SERVILIA, ANNIUS
O welche Grossmut, o welche Huld!
Wer kann so gross sich wähnen?
Ach, bis zu Freudentränen
Rührt so viel Güte mich.

VITELLIA, SERVILIA, ANNIUS, SESTO, PUBLIUS, CHOR
O ew'ge Götter, erhaltet lange
Roms Glanz, und Glück durch ihn!

TITUS
Nehmt Götter, nehmt mein Leben,
Ich geb' es freudig hin,
Wenn ich was heisser wünsche,
Als Rom beglückt zu sehn.

CHOR
Roms Glanz und Glück durch ihn.

<u>Szene nach einer Stelle in der Oper</u>
<u>Titus, ich gehe außer Haus:</u>

Angelo und ich sind von der Gesellschaft getrennt worden. Ich gehe selten außer Haus. Ich habe eine Freundin, zu der ich noch fahre. Sie wohnt am anderen Ende der Stadt. Die lange Fahrt ist gespickt mit Erinnerungen an Angelo. Ein Plakat, wo die Wiener Linien für sich selbst werben, zeigt einen jungen Mann an der Haltestelle freundlich lächeln. Er sieht genauso aus wie Angelo. Wo immer ich in den öffentlichen Verkehrsmitteln unterwegs bin, - lächelt er mich an! Ich steige aus der UBahn und fahre mit dem Bus weiter. Hier formen sich Wolken zu Herzen und beruhigen meinen Geist ein wenig. Es ist mir verboten in seiner Gesellschaft zu sein. Und doch ist das einzige, was mir lebenswert erscheint die gefühlte Liebe und die Verbundenheit mit ihm.

Mit der Freundin spreche ich nicht darüber. Ich spreche fast nichts. Ich versuche ein wenig nützlich zu sein und helfe ein wenig beim Aufräumen und Kochen. Sie spricht über ihre Krankheiten und die Art wie sie trotz ihrer 3 Kinder es schafft, auch noch beruflich Fuß zu fassen. So ein erfolgreiches Leben ist für mich unerreichbar. Ich fühle mich nicht einmal im Stande für ihre Kinder Musikunterricht zu geben. Ich habe das Gefühl nichts zu können.

<u>Szene in unserer Familie: wir fahren wieder nach Waldach am Kamp zur Uroma:</u>

Wir drei kommen in die geborgene Atmosphäre die in der alten Wohnung mit Kachelofen herrscht. Es ist ein Wochenende, als ob alles in Ordnung wäre. Mein Mann und Uroma sprechen die kleinen Dinge des Lebens und ich versuche mich möglichst unauffällig zu verhalten. Ich spreche, wenn ich gefragt werde, das Nötigste und kann natürlich nichts von dem, was mich bedrückt loswerden. Mein inneres Unbehagen nimmt immer mehr zu. Alles kommt mir wie eine große Lüge vor. Im Stillen beschließe ich mir das Leben zu nehmen.

Unter dem Vorwand einen kleinen Spaziergang machen zu wollen, verlasse ich das wunderschöne alte Wohnhaus im Herzen Waldachs. Als ich auf den Stadtplatz trete, sehe ich über mir aus Wolken gemalt, den Erzengel Gabriel, riesengroß und mächtig. Er begleitet mich, während ich hinaus aus der Stadt gehe, und verändert sich dabei beständig. Ich spüre so eine innerliche Stärkung, dass ich den Selbstmordgedanken wieder fallenlasse. Ich kehre zurück mit dem Gefühl das Richtige zu tun.

Angelo liebte die Gegend um den Lainzer Tiergarten herum. Hier sind wir gemeinsam spazieren gegangen. Permanent stößt mich eine Erinnerung in den Schmerz. Und er ist zugleich meine Verbindung zu ihm. Ich brauche ihn. Ich will nur ihn haben. Alles andere ist unwichtig, bedeutungslos geworden.

Szene: ich verlasse unsere Wohnung und mache mich auf den Weg in den Lainzer Tiergarten:

Diesmal dient der ausgedehnte Spaziergang dazu, nach einer Stelle zu suchen, die einsam genug ist, damit ich dieses Leben verlassen kann. Ich habe keinen Plan, aber in meiner Vorstellung gehe ich einfach aus diesem Leben hinaus. Dieser Spaziergang dauert lange. Nach vielen Stunden bin ich sehr müde, es wird dunkel und ich gebe mich geschlagen. Unverrichteter Dinge kehre ich nach Hause zurück.

Szene: zu Hause einige Zeit nach jenem Spaziergang im Lainzer Tiergarten beschließe ich zu Angelo zu gehen und mit ihm zu leben.

Ich mache mich erneut fertig um das Haus zu verlassen, innerlich beschließe ich, dass es für immer sein würde, da sehe ich meinen Mann im Wohnzimmer sitzen. Er sagt:" Schau, Sara, ich habe eine gute Gießkanne im Bauhaus gekauft, damit du die Blumen gießen kannst." Diese kleine Geste meines Mannes bringt meinen Entschluss ins Wanken, da ich sie so verstehe, dass er mich liebt und als Ehefrau braucht, dass mein Platz ja an der Seite meines Ehemannes und sonst nirgends ist. Ich glaube in jenem Moment, dass ich mir alles andere nur einbilde. So ist jedes Argument für ein Fortgehen entkräftet.

Ohne Kraft sinke ich in die Ohnmacht und in die Passivität zurück.

<u>Eine Arie jener wundervollen Geschichte des Tito fängt mich wieder auf</u>,

ZWÖLFTER AUFTRITT
Ein offener Platz vor dem Amphitheater, mit Säulen geziert. Titus, Publius, Publius, das Volk. Im Hintergrunde sieht man Sesto, und die Verurteilten in Ketten, dann Annius und Servilia.

CHOR
Dass des Himmels mächt'ge Wesen,
Dich zum Liebling auserlesen,
Hat der Zeitlauf eines Tages
Zur Genüge uns gezeigt.
Doch, wem kann es Wunder nehmen,
Wenn die ewig heil'gen Götter
Den in ihren Schutz aufnehmen,
Der so sichtbar ihnen gleicht.

TITUS
Noch ehe die festlichen Spiele beginnen,
Führe man die Verurteilten vor.

Sesto in Ketten tritt schweigend gegen Titus.

ANNIUS, SERVILIA, PUBLIUS
Gnade für Sesto, Gnade o Herr!

TITUS
zu diesen drei Personen
Auch die Gerechtigkeit fordert ihr Opfer,
Die Strafe des Aufruhrs ist schmählicher Tod,
Ich darf des Gesetzes Strenge nicht mildern.

LETZTER AUFTRITT
Vitellia stürzt herein. Die Vorigen.

VITELLIA
stürzt zu den Füssen des Kaisers
Mein Kaiser! mich treffe deine Rache,
Und Sesto werde frei.

TITUS

Vitellia, was soll das?

VITELLIA
Die Seele der Verschwörung -
Verführerin des Sesto -

SESTO
erschüttert
Vitellia! was beginnst du?

VITELLIA
O Herr! kaum wirst du's glauben
Des Aufruhrs Haupt - bin ich

ALLE
O Götter!

TITUS
Wollt ihr mich alle morden?

VITELLIA
Ich ganz allein bin schuldig
Mich reizte Herrschbegier,
Ich wünschte deine Liebe
Und sah mich nachgesetzt.
Da flammt' in meinem Busen
Die Furie Eifersucht,
Das schwarze Laster an.

TITUS
Steh auf - ermanne dich.
Vitellia steht auf
Welch ein Tag ist der heut'ge!
Kaum entdeck' ich einen Verbrecher,

So naht sich ein zweiter.
Ach, wann find' ich, gerechte Götter,
Ein treues Menschenherz?
Ach, wie verschworen scheint alles,
Mich wider mein Gefühl zu zwingen,
Dass ich grausam sei!
Nein! dieser Sieg soll nimmer euch werden!
Männlich im Streit zu stehen
Heisst mir Tugend, heisst mir Pflicht.
Sehen will ich, ob andrer Untreue
Mächtiger sein wird, als meines Herzens Güte.
Herbei, entfesselt Sesto, und geschenkt
Sei ihm, und seinem Anhang
Das Leben, und die Freiheit;
Rom sei's bekannt, dass ich es bin,
Der längst um alles weiss,
Es vergisst, und gern verzeiht.

Finale
Vitellia, Servilia, Annius, Sesto, Titus, Publius, Chor.

SESTO
Du vergibst mir, o Grossmütiger,
Doch ach, mein Herz vergibt mir nicht.
Stets will ich weinen, und mein Vergehen bereu'n,
Bis mich das Grab umschliesst.

TITUS
Dein Herz voll wahrer Reue,
Das laut aus dir jetzt spricht,
Ist vielmehr wert, als ew'ge
Stets unverletzte Treu.

VITELLIA, SERVILIA, ANNIUS
O welche Grossmut, o welche Huld!

> Wer kann so gross sich wähnen?
> Ach, bis zu Freudentränen
> Rührt so viel Güte mich.
>
> VITELLIA, SERVILIA, ANNIUS, SESTO,
> PUBLIUS, CHOR
> O ew'ge Götter, erhaltet lange
> Roms Glanz, und Glück durch ihn!
>
> TITUS
> Nehmt Götter, nehmt mein Leben,
> Ich geb' es freudig hin,
> Wenn ich was heisser wünsche,
> Als Rom beglückt zu sehn.
>
> CHOR
> Roms Glanz und Glück durch ihn.

und voller innerem Pflichtbewusstsein und Rührung schöpfe ich neuen Mut, das Innere, das mich doch ausmacht, zu zeigen. Ich möchte Ihn ins rechte Licht rücken, und dadurch auch erstmals zu mir selbst stehen.

Szene: Traum von Angelo:

Die Freunde meines Mannes sind wieder einmal eingeladen. Ich koche und fülle nach außen hin die Rolle der braven Ehefrau aus. Es ist eine Pflichtübung. Und doch kann ich mich nicht dagegen wehren, dass ich Vertrauen zu jenen Freunden fasse und meinen Traum erzähle:" „In meinem Traum gehe ich in Gesellschaft von Freunden auf eine Wanderung. Es sind zwei junge Burschen da, die mir zeigen, wo man gehen kann und darf, wo es schön ist, wo es gefährlich ist, und was man vermeiden soll. Die Wanderung führt uns einen Berg hinauf. Es ist klar, dass das Ziel der Gipfel ist. Als ich mich einmal auf halber Höhe umsehe, bemerke ich, dass die vielen Freunde einen Weg unten gewählt haben, ohne Anstieg. Ich verliere nach und nach alle anderen Freunde. Es bleibt nur einer übrig, der mit mir den Gipfel erreicht. Es ist Angelo. (Beim Erzählen verschweige ich die Identität des einen, der übrigbleibt).

Franz (Medizinstudent): meint dazu:"
Der Traum ist so, als ob man die
Holzhammermethode anwendete".

Ich sehe ihn an, ohne seine Aussage
verstehen zu können. Es ist mir klar,
dass es sich hier um eine klare Aussage
handelt, aber was soll ich tun? Diese
Frage bleibt für mich offen!

<u>Szene: zuhause nach dem Aufwachen,
weiß ich, dass ich wieder von Angelo
geträumt habe:</u> Ich träume von ihm als
weisen Mann: als Shree Buddha. In sich
gekehrt und zufrieden sitzt er da und
strahlt Ruhe und Frieden aus.

Von der nahen Telefonhütte rufe ich bei
ihm an. Er spricht mit mir:

" Es geht mir nicht so gut. Ich habe das
Gefühl der Scheitel fliegt mir weg. Ich
habe Eingebungen, dass ich mit einer
schönen Frau in früherem Leben
verheiratet war. Ich versuche gegen die

schlimmen Zustände mit Sport anzugehen. Schnurspringen, Laufen, usw. Ich bin wie ein Gefäß, dass ein Loch hat. Was auch immer man versucht hinein zu leeren, rinnt wieder heraus. Das ist der Grund, warum mich die Meditation nicht heilt."

Ich bin hochgradig beunruhigt und beschließe noch fester an meiner Selbständigkeit zu arbeiten um dann zu ihm zu gehen. Nur zu ihm will ich. Ich möchte den Schritt schaffen, meine Ehe zu verlassen. Seine Schilderungen verunsichern mich ohne Zweifel.

<u>Szene zuhause: meine Trauer wandelt sich:</u>

Trotz und wegen der großen Trauer beschließe ich in der Berufswelt Fuß zu fassen. Ich überlege hin und her, wie ich finanziell auf eigenen Beinen stehen könnte. Irgendwie habe ich das Gefühl bekommen, dass wenn ich mein eigenes

Einkommen habe, würde ich mich eher selbständig machen können, und als freier Mensch mein Leben Angelo widmen kann. Es ist der Plan, den ich im Inneren ab nun verfolge.

Von der Firma: Leittner s Klarinettenblätter bin ich leider rausgeflogen. Aus irgendeinem Grund habe ich da alles falsch gemacht. (ich habe mich redlich bemüht, und auf einmal war das Wesentliche beim Schnitzen der Blätter falsch gewesen)

<u>Szene der riesigen Verzweiflung: (beinhält auch die Suche nach einem Ausweg):</u>

Wie eine Verbrecherin gehe ich zur Telefonhütte. Ich rufe ihn an. (Ich habe ja Telefonverbot). Mein Mann kontrolliert alle Anrufe, die ich tätige. Alle paar Wochen wage ich den verbotenen Weg. Ganz selten kann ich ihn erreichen. Ich höre:

„Ich bemühe mich gut durchzukommen, ein halbes oder ganzes Jahr lang haben die Wichtigen der Meditationsgesellschaft mir verboten, zu den Veranstaltungen zu kommen. Jetzt erlauben sie es mir wieder. Ich treibe Sport. Laufen und Springschnurspringen.

Sara, halte du dich bitte auch an die Abmachung. Das ewige Alles hat mir zu verstehen gegeben, dass ich dich nicht mehr belästigen und beunruhigen soll."

Nach diesem Gespräch ist für mich unsere Liebe zerbrochen. Ich fühle mich auch von Angelo verlassen.

Szene einer mystischen Sommernacht:

Mein Bett ist im kleinen Zimmer hofseitig. Es ist ein Hochbett. Im Sommer halte ich in der Nacht sowohl das Hoffenster, als auch die straßenseitigen Fenster genau gegenüber offen, sodass der Luftstrom die Mauern über Nacht ein wenig abkühlt.

In dieser Nacht wache ich plötzlich aus dem Tiefschlaf auf, weil die straßenseitigen Fenster, mit fürchterlichem Krach zugeschlagen sind. Es muss eine plötzliche besonders starke Sturmböe gewesen sein. Ich wäre nicht vom Hochbett gestiegen, wenn ich nicht Sorge bekommen hätte, dass das jetzt so weitergehen könnte, und ein aufkommender Sturm die Fenster zerschlägt. Ich komme in das gegenüberliegende Zimmer, das die Wohnküche ist, um nach den Fenstern zu sehen. Erleichtert stelle ich fest, dass es keine Scherben gibt. Als ich gerade einen Flügel in der Hand habe, um ihn zu schließen, sehe ich einen Radfahrer auf der großen, jetzt völlig leeren Straße, sich meinem Wohnhaus nähern, und als er nahe genug ist, erkenne ich eindeutig Angelo. Erst erwarte ich, dass er heraufschaut, dann überlege ich leise zu rufen, doch ich wage es nicht. Er sieht so streng und entschlossen aus, dass ich ihn nicht stören will. Ich schaue ihm traurig nach, wie er hinter Bäumen verschwindet. Ich warte eine Weile. Ich warte, in der Hoffnung ihn bald auf der gegenüberliegenden Seite des Wienflusses (der kleine Fluss, an dessen einem Ufer die rechte Fahrbahn und an dessen anderem Ufer die linke Fahrbahn verläuft) zurückkommen zu sehen. Nach einigen Minuten (vielleicht 10) Sehe ich ihn wirklich an der gegenüberliegenden Fahrbahn zurückfahren. Es bleibt ein verwunderter und doch hoffnungsloser Nachgeschmack. Der Wind hat seine Ankunft angezeigt. Für mich war es klar, denn es gab danach keinen Sturm. Es blieb eine ruhige Sommernacht.

Szene im historischen Museum der
Stadt Wien:

Eine Ausstellung von dem fantastischen Realisten „Arik Brauer", lockt meinen Mann und mich hin. Er selbst führt durch seine Gemäldeausstellung. Zu vielen seiner Bilder erzählt der Künstler seine Gedanken und Motivationen. Plötzlich bleibe ich bei einem Bild stehen. Es heißt: „Der Engel im Krieg". Ich sehe einen hübschen jungen Mann mit gleichmütig freundlichem Gesichtsausdruck. Durch seinen Körper wurde schon geschossen. Er hat mehrere Löcher und lächelt den Betrachter immer noch an. Dieses Gesicht sieht wieder genauso aus, wie das von Angelo! Auch die Wunden, die er hat, erinnern mich an Angelo. Er hat seine großen seelischen Verwundungen mit Gleichmut ertragen. Ich gehe zu Herrn Brauer und sage:" Das Bild gefällt mir besonders. Der Engel sieht aus wie jemand, den ich kenne!"

Herr Brauer antwortet:" Das muss aber eine sehr liebenswerte und besondere Person sein!"

Ich empfinde große Liebe für diesen großen Künstler und obwohl er Angelo nicht kennt, fühle ich, dass er ihn und mich versteht!"

<u>Szene erneut zuhause</u>:

Heute ist der der Cousin meiner Tochter auf Besuch. Er bleibt bei uns und wird auch hier übernachten. Seine Mutter ist weggefahren. Er ist ein Junge von ca. 10 Jahren. Ich habe ihn gern, obgleich ich mich nicht bereit fühle irgendjemanden zu empfangen. Die Dinge des Alltages werden erledigt. Jausnen spielen, aufräumen Abendessen Bett herrichten und schlafen gehen.

Ich wache auf und habe einen Traum in genauer Erinnerung. Angelo ist kurz vor dem Aufwachen hier gewesen. Es ist ihm erstaunlich gut gegangen. Ich habe eigentlich nur sein strahlendes glückliches Gesicht gesehen. Die Freude die sein Gesicht ausdrückt ist überirdisch fast golden leuchtend. Bald bemerke ich, wie sich sein Gesicht zuerst leicht und dann immer mehr im großen Wasser auflöst. Sein strahlendes Lächeln sehe ich bis zuletzt. Dann gibt es nur noch das große Wasser.

Die Freude hat mich aufgeweckt. Es ist eine riesige Freude. Einige Zeit bin ich durchdrungen von ihr. Dann stelle ich mir die Frage, was denn passiert ist. Was bedeutet das?

Heute gehen wir in ein Freibad. Es ist einer der ersten warmen Tage des Jahres und der Cousin und meine Tochter sollen es schön haben.

Ich schwimme im Außenbecken. Fast niemand ist hier. Ich fühle mich ganz geborgen unter dem freien Himmel. Er scheint heute ganz nahe der Erde zu sein. Ich schwimme eine Länge hin, ganz gemütlich zurück. Das Wasser ist angenehm warm. Ich bemerke, dass er (Angelo, sein formloser Geist) mit mir im Becken ist. Er bewegt sich synchron mit mir und ich fühle seine Gegenwart ganz deutlich. Es ist die Gegenwart der Liebe, des Glücks, der vollkommenen Zufriedenheit. Ich fühle, wie er den Traum bestätigt und mich zu beruhigen sucht. In mir spreche ich mit ihm. Ich sage:" Ich freue mich, dass du da bist. Ich liebe dich. Es ist wunderschön mit dir.

Wenn ich kurz an der Realität dieser Begebenheit zweifle, kann ich ihn fast körperlich spüren, und es ist unmöglich daran zu zweifeln, auch nach all den Jahren!

Irgendwann gehe ich aus dem Wasser, das ist auch der Zeitpunkt, wo ich ihn nicht mehr so deutlich spüren kann. Ich kümmere mich um die Kinder es gibt zu Essen. Mehr brauchen sie gar nicht. Sie sind rundum glücklich. Später am Nachmittag fahren wir heim. Die Mutter des Cousins kommt ihn abholen. Je mehr Dinge des Alltages geschehen, desto mehr verschwindet das Bewusstsein jener Freude und Glück - Seeligkeit.

Nun beginnen die Fragen heftiger zu werden und die Freude gänzlich zu verdrängen. Die Tätigkeiten des Alltages sind Hindernis für mich, die Antwort auf meine offenen Fragen zu suchen. Ich muss herausfinden, was mit Angelo ist. Ich bin nun, je mehr Tage vergehen, und ich weder etwas höre, noch spüre, noch träume, immer mehr in rastloser Verzweiflung.

Ich erlebe Tage des Nichts. Das Schweigen ist auf allen Ebenen. Nicht einmal die Träume sprechen zu mir:" Ich habe doch immer wieder von Angelo geträumt! Warum jetzt nicht?"

Da mein Mann mir jeden Gedanken an Angelo verboten hat, kann ich niemanden fragen. Ich versuche zwischen den Zeilen zu lesen, ob irgendjemand etwas über ihn sagt. Nichts.

Die Sorge um Angelo wächst mit jedem Tag. Ich rufe trotz strengem Verbot von einer Telefon Hütte aus an. Niemand hebt ab. Ich versuche es erneut. Und am nächsten Tag ein drittes Mal. Es kann ja sein, dass er gerade nicht da war.

Ich merke, dass mein Mann entspannter ist und das Telefon nicht mehr überwacht. Ich bin darüber zufrieden und deute es so, dass ein guter Alltag endlich wieder Einzug gefunden hat. Ich sage mir, dass der Traum nur Gutes geheißen haben kann, wenn er mit so viel Freude einherging. So mache ich mir um Angelo fast keine Sorgen.

Neben all der Trauer, die ich seit unserer Trennung durchgehend empfinde, versuche ich verzweifelt beruflich Fuß zu fassen.

Die neue Idee die ich verfolge, ist AMWAY. Ich versuche mir die Art Geschäfte zu machen, wie es AMWAY vorschlägt, anzueignen. Ich tue was verlangt wird. Ich lade alle Freunde zur AMWAY Party ein. Kaufe alle verlangten Produkte. Höre die Weiterbildungskassetten. Da ich als Hausfrau und Mutter auch viel zu tun habe, nehme ich die Kassetten auf all meinen Wegen mit. Ich habe einen Walkman, und höre die Erfolgsgeschichten der AMWAY Geschäftsleute, um mich fürs Geschäft stark zu machen. Ich habe richtig Feuer gefangen. Ich beschreite den AMWAY Weg in fast jedem Moment.

Es hat zum Ziel, bald mit Angelo zu sein.

<u>Szene: Mein Weg durch die Auhofstrasse zum Einkaufen:</u>

Mit meinem Ziehwagen und den Walkman mit Kopfhörern, gehe ich fest entschlossen zum Einkaufen und meinem Erfolg als Geschäftsfrau entgegen. Sehr konzentriert lausche ich, wie die tollen Typen ihre Schwierigkeiten gemeistert haben, und im AMWAY- Geschäft erfolgreich geworden sind.

Aus der Quergasse biegt ein großer dunkelblauer Wagen ein. Der Fahrer lächelt mich mit sehr freundlichem Gesicht an. Ich kenne das Gesicht! Bis mein Gehirn versteht, wer es war, ist der schöne Wagen schon um die nächste Ecke verschwunden. Jetzt fällt

mir auf, dass es Angelo gewesen ist!!!!!!
In Äußerst selten guter Stimmung.

Vor lauter Befolgen der auferlegten Gesetze, habe ich sein Gesicht nicht einmal gleich erkennen können!

So schnell mich meine Beine tragen können, laufe ich zurück und schaue um jene Ecke, wo er gerade verschwunden ist.

Es ist zu spät. Ich kann ihn nicht mehr einholen. Er ist verschwunden und bleibt es auch.

Am darauffolgenden Tag komme ich an dieselbe Ecke zur gleichen Zeit, um ihn zu treffen. Am nächsten Tag wieder. So versuche ich eine Woche lang Angelo an jener Ecke wiederzusehen. Dazwischen rufe ich von der Telefonhütte aus an. Niemand hebt ab. An keinem der Tage!

Nun ist meine Beunruhigung auf das Äußerste gestiegen. Ich beschließe zu seiner Wohnung zu fahren. Zum geeigneten Zeitpunkt, wo mich weder mein Mann noch meine Tochter brauchen, es ist ein Abend, fahre ich los.

Am Weg dorthin ist alles wie im Traum. Ein Mann weint bitterlich in der U-Bahn. Beim Umsteigen in die nächste U-Bahn weint ein weiterer Mann am Bahnsteig mitten im Getümmel. Als ich von der U-Bahn heraufkommend in eine Seitengasse einbiege, sitzt da ein dritter Mann, bitterlich weinend auf der Stufe zu einer Wohnhaustüre. (Altbau).

Jene Seitengasse marschiere ich ungefähr 700m durch. Sie führt fast bis zur Haustüre von Angelos Wohnung. Mir ist ganz anders.

 Es wirkt düster und traurig. Die Stimmung verrät nichts Gutes. Es ist wie im Film. Ich hoffe, gleich Licht aus seinem Fenster dringen zu sehen, und dann beruhigt zu sein. Es brennt kein

Licht hinter jenen 2 Fenstern im 4. Stock. Der Name steht an der Türe. (Das Fahrverbotsschild in der Einfahrt, in das ein smily gesprayt ist, ist das einzig Positive und das sieht heute geisterhaft aus) Der Name an der Tür ist das Einzige, das bezeugt, dass Angelo hier wohnt! Ist er einfach ausgegangen?

Ich bin vollkommen beunruhigt in finsterer Erwartung.

Es fällt mir ein, dass eine der vermeintlichen Freundinnen vor kurzem gesagt hat, dass sie glaube, dass Angelo tot sei. Und zwar schon längere Zeit. Diese Aussage kann ich natürlich nicht glauben. Ich habe mich doch so brav an alle Gesetze gehalten!!!!!!! Ich bin im Ausnahmezustand. Kein Licht dringt aus seiner Wohnung. Die weinenden Männer am Weg!! Ich kann nicht mehr still bleiben. Vollkommen verzweifelt fahre ich nach Hause.

Szene: Sara fährt auf den Koglberg, wo die Mutter von Angelo wohnt, wo er als Kind gewohnt hat:

Ein vollkommen verregneter Tag. Unangemeldet läute ich und werde hereingelassen. Gleich fällt mir auf, dass ein neuer Hund da ist. Statt des braunen Jagdhundes Ares, ist jetzt eine ganz junge silberne Dogge da.

Seine Mutter wirkt auf mich sehr geknickt und deprimiert. Ich frage höflich:" Wie geht es ihnen?"

Sie sagt:" ja, es geht."

Ich frage zaghaft weiter:" wie geht es Angelo?"

Ich sehe, wie sie innerlich erstarrt, sie sagt:" Angelo ist es vor einem Jahr ungefähr nicht gut gegangen. Er hat verabsäumt seinen Führerschein erneuern zu lassen. Er hat zuletzt etwas anders ausgesehen. Sie zeigt mir das letzte Bild von ihm. Er hat den Freitod gewählt."

Wie auf Automatik umgestellt bleibe ich gefasst und zweifle an ihrer Aussage. Ohne es wirklich für wahr zu erachten sage ich:

" Es tut mir sehr leid! Ich habe ihren Sohn sehr gern gehabt!"

Ich kann ihr nicht sagen, wie sehr ich mit diesen Worten untertrieben habe. Neben all meiner Verzweiflung bemerke ich, dass sie über die ärgste Trauer hinweg ist. Sie gibt mir einen Schirm, denn es regnet immer noch in Strömen, während ich den Koglberg heruntergehe.

„Da warst du zuhause. Hier hast du deine Kindheit verbracht. Alles ist jetzt zu Ende. Alle Erinnerungen enden hier. Alles wird langsam sinnlos, je mehr ich begreife, was das bedeutet. An jeder

Ecke lauert noch eine gemeinsame Erinnerung. Ich habe das Gefühl, sie würden sich ebenfalls jetzt von mir verabschieden.

Meine Sinnlosigkeitsempfindung steigert sich. Alles was ist hat für mich keine Bedeutung mehr. Jedes Streben von mir ist beendet. Es gibt nur mehr das Nichts. Nach wenigen Tagen oder Wochen ist es klar. Mein Leben hat keinen Sinn mehr. Diesmal bin ich bereit zu gehen. Ich meditiere ganz innig, um im rechten Zustand zu sein. Wie ferngesteuert ziehe ich ein weißes bodenlanges Kleid an, ich nehme ein scharf geschliffenes Küchenmesser mit und kaufe am Bahnhof eine Fahrkarte nach Waidhofen an der Thaya ohne Rückfahrkarte und ohne mir Geld mitzunehmen. Es soll dort geschehen, wo du Angelo glücklich gewesen bist. Am Bahnhof von Waidhofen mache ich mich auf die Suche nach der Thaya. Ich komme zuerst durch den alten Ortskern. Er ist menschenleer. Es sieht so aus, als ob der Ort verlassen worden wäre. Einzig eine ganz alte Frau tritt aus einem uralten Haus, auf mich zu. Sie beginnt ein Gespräch mit mir. Sie fragt:" Wo kommen sie her?

Ich sage: "aus Wien"

Sie beginnt zu erzählen:" Als ich ein junges Mädchen war, kam ich nach Wien, in die Dienste eines Anwalts, der in der Innenstadt sein Büro aufmachte. Es wurde renoviert. Ich war es, die entdeckte, dass unter dem alten Anstrich eine wunderschöne Wandverzierung und Gestaltungen zum Vorschein kamen, die auf einen besonderen Bewohner schließen ließen. Es wurden Nachforschungen betrieben, und es stellte sich heraus, dass es eine Wohnung von Mozart gewesen war."

Ich sage:" das ist wirklich interessant!"

Ich wünsche ihr alles Gute und mache mich weiter auf meinen Weg. Niemand stört mich mehr. Nach einiger Zeit auf der Hauptstraße sehe ich, dass die Thaya etwas weiter vom Weg entfernt mitten durch die Landschaft fließt. Ich bahne mir einen Weg durch das Gestrüpp und setze mich ans Ufer:

Ich schaue in die Thaya. Ich sehe das Fließen. Schaue lang und länger zu. Ich füge mir einige Schnittwunden zu. Ich blute. Ich bleibe sitzen. Bleibe da. Irgendwann liest mich ein Polizist auf Streife auf und fährt mich ins Krankenhaus von Waidhofen.

Da ist es schön. Ich werde an einen Tropf gehängt und kann mich mit dem Beruhigungsmittel beruhigen. Ich bekomme noch eines.

Am nächsten Tag holt mich mein Mann ab. Er schweigt. Er spricht nicht mit mir darüber. Der Arzt fragt mich, ob ich das nie wieder tun werde. Ich muss es auch unterschreiben. Ich werde von meinem Mann nach Hause gebracht. Wir sprechen nicht. Ich habe kein Vertrauen zu ihm. Alles was ich mit ihm teile ist Fassade.

Szene: der Wienerwald:

In seinem Andenken spaziere ich oft durch den Wienerwald. Die silbernen glatten Buchenstämme, freundliche Lichtungen, weite sanfte Hügellandschaft sind voll von Erinnerungen an ihn. Meine Spaziergänge sind lang und voll trauriger Erinnerung in malerischer Natur.

Von nun an versuche ich noch eine Weile, den Alltag zu meistern. Doch ich merke, dass es Verrat an meiner Seele ist. Es ist gegen meine Natur. Es ist so, als würde ich einem bösen Herrscher dienen. Dieses Gefühl verstärkt sich zusehends, nun bin ich nicht mehr im

Stande irgendeine Hausarbeit für ihn zu tun. Ich kann nicht mehr für ihn kochen, ich kann seine Hemden nicht mehr bügeln, eine Weile zwinge ich mich zu diesen Tätigkeiten, dann wird mir klar, dass ich es nicht mehr kann. Ich will weg. Mein Mann verhält sich ruhig und gleichmütig. Nur einmal schleudert er einen Teller auf den Boden, der zerspringt und die Würstchen und Kartoffeln hüpfen auf den Boden. Selbst da spricht er davor und danach kein Wort.

Ich nütze jede freie Minute und gehe alleine spazieren, um an die Vergangenheit zu denken. Ich suche mir einen jungen Mann um über meinen Mann hinwegzukommen und ihn zu verlassen.

Als ich meinem Mann sage, dass ich ihn wegen eines anderen verlassen wollte, ist er kurz verärgert, zieht jedoch sofort aus. Kurze Zeit später, erreicht mich eine Karte von einer Frau, die so schreibt, als ob sie seine Geliebte sei. Nun weiß ich, dass er auch schon vergeben ist, und gar nicht traurig darüber, mich verloren zu haben.

Es kommt mir in den Sinn, dass ich vielleicht eine Art Wild für ihn gewesen war, dass er erlegt hat, und dann war ich nicht mehr wichtig.

In jener Zeit träume ich nicht mehr von Angelo. Er ist seit seiner Auflösung im Wasser wirklich erlöst. Es ist ein gutes Zeichen, das weiß ich. Ich bin trotzdem permanent betrübt, und kann keinen Lebenssinn erkennen. Ich versuche als Verkäuferin gute Arbeit zu leisten und so den mindesten Standard für meine Tochter und mich aufrecht zu erhalten. Ich werde gemobbt (als Nazi verleumdet) und aus diesem Grund hinausgeworfen. Ich verliere ein Kind während ich einem für mich sehr anstrengenden Job als

Semmelverkäuferin nachgehe. Ich bin am Boden zerstört.

Ich habe das Gefühl, dass das einzige, was ich wirklich will, ist ein Kind. Ich möchte nochmals die Mutterrolle übernehmen und so wieder einen Sinn im Leben finden.

Ein unverhoffter Traum von Angelo: Er sitzt auf einem Bett. Sein Gesicht ist mir abgewandt in Richtung Fenster, bei dem die Jalousien heruntergelassen sind. Nur wenige Lichtpunkte kommen durch die Spalten und durch die Löcher, durch die die Schnur gespannt ist. Das Zimmer ist vielleicht ein Einzelzimmer in einem Krankenhaus, denn alles ist hier kahl und in Weiß und Grau gehalten. Ich stehe auf der anderen Seite des Bettes und bin anscheinend gerade durch die Türe hinter mir hereingekommen.

Wir sind im Gespräch. Ich sage:" Hallo, Angelo! Komm doch zu mir zurück. Ich würde mich sehr freuen." Angelo sagt (er sieht mich dabei nicht an):" Weißt du, Sara, ich habe unvorteilhafte Eigenschaften. Es ist nicht so leicht mit mir! Ich gehe ungern fort. Ich bleibe sehr viel zuhause. Ich bin auch sonst ein schwieriger Mensch. Ich bin zurückgezogen und kein leichter Gefährte.

Ich antworte:" Das macht mir nichts aus. Ich bleibe mit dir zuhause. Ich würde mich trotzdem freuen, wenn du zu mir zurückkommst!"

„Das machen wir schon!" Ist Angelos Antwort als Abschluss dieses Traumes.

Nach dem Traum, dass wir es schon machen: Druidenszene:

Erde in der Hand: aus der Erde entsteht neues Leben. Eine neue Form: aus Luft Äther Wasser Feuer und Erde wird der Held neu geboren. In Blitzflash

-sequenzen erscheinen seine bisherigen Leben als Held.

Beim Aufwachen bin ich verwundert, über den Optimismus, mit dem er geendet hat. Ich kann es mir nicht erklären, diese Aussage gibt mir Zuversicht, obwohl es unmöglich ist. Angelo ist tot.

Dieser junge Mann hilft mir über die ersten Schwierigkeiten hinweg. Da mein Inneres so aufgewühlt und traurig ist, brauche ich immer wieder zu viel von ihm. Er versteht mich nicht und geht seiner Wege. Nach fast 2 Jahren. Ich bin schwanger.

Er verlässt mich, wissentlich, dass ich schwanger bin. Ich bin extrem verzweifelt. Fühle mich verlassen von allen. In der Nacht kann ich nicht schlafen. An den Tagen bin ich voller verzweifelter Einsamkeitsgefühle. Doch das ewige Alles spricht zu meiner Tochter und mir in ihrem Kopf, dass alles gut ist, auch alles in Ordnung mit mir. Das ewige Alles versichert mir durch meine Tochter, dass es mit mir zufrieden ist. Ich kann jene beruhigenden Worte hören. Sie wirken jedoch immer nur ein paar Minuten bis ein paar Stunden, dann setzt sich meine Verzweiflung fort.

<u>Szene im Krankenhaus:</u>

Ich bekomme einen Buben. Es ist ein sehr gutes Gefühl nach einer sehr kurzen Geburt. Ich bin viele Klassen besser dran, als ich das Kind in den Armen halte. Die Rolle übernehme ich wirklich von Herzen gern, wie auch für meine Tochter. Sie hilft mir, bei der anstrengenden Mutterschaft einer Alleinerziehenden. Das wollte ich wirklich nicht. Deshalb bin ich auch betrübt und fühle mich als Mensch letzter Klasse.

Das Ewige Alles schickt mir die Information, dass die Zeit der Trauer nun vorbei ist.

Ein Traum wiederholt sich immer wieder in abgewandelter Form.

Ich bin mit Menschen am Weg auf einen Berg. Wir steuern wieder auf ein Ziel zu. Ich habe einen Gefährten, einen Freund. Angelo!!!!!! Er wechselt seine Form und wird zu meinem neuen Sohn. Eine Weile später geht er wieder als Angelo neben mir und dann sieht er wieder aus wie mein kleiner Sohn. Es sind die gleichen Eigenschaften.

Jedes Mal wenn ich das träume, bin ich ein Stück überzeugter, dass Angelo nun als mein Sohn zurückgekommen ist. Zugleich fordert mich das Ewige Alles auf die Trauer zu beenden. Nur langsam vergeht die Trauer, denn ich trauere ja

auch um jenen Körper, um jene
Gedanken, die ich mit ihm geteilt habe.
Es ist langsam, aber die Trauer
schwindet langsam.

Da ich im Leben nicht Fuß fassen kann,
trotz aller Bemühungen, gehe ich auch
zu einer Familienaufstellerin.

Sie fragt nach den wichtigen Menschen
um mich herum. Ich zähle meine Eltern
und Kinder auf. Sie fragt nach den
Vätern der Kinder. Da ich beim
Aufzählen der Männer in meinem Leben
bin, erwähne ich, dass ich meine große
Liebe verloren habe. (im Tod)

Sie nimmt Angelo in den Kreis der zu
bearbeitenden Personen herein. Sie
fühlt, dass ich ziemlich allein in der Welt
dastehe, es ist ein verlassenes Gefühl an
meinem Platz zu stehen. Beide Väter
führen ein zufriedenes Leben in dem ich
keine Rolle spiele. Als sie sich auf
Angelos Platz stellt, fühlt sie ganz stark,

dass er mich irrsinnig liebt, und in mich kommen will. Sie verspürt den Drang ganz zu mir zu kommen.

Als die Trauer um den Verlust einigermaßen überwunden ist, (nachdem sie durch die Aufstellung neu entfacht worden war), wird mir bewusst, dass das ein Beweis für Angelos neues Leben ist. Das letzte, was er als Angelo tat, war zu mir zu streben. (als Geist, der einen neuen Körper annehmen wollte).

Als sie sich auf meinen Sohn stellte, fühlte sie, dass er in seinem Leben nicht glücklich war. Er wollte Kind sein. Sie sagte, dass er vielleicht zu früh wiedergekommen ist.

Auch diese Aussage fügt sich zu einem stimmigen Bild zusammen.

Mein Psychologe Dr. Hans Jung sagt: Ich habe die Bitte eines Freundes erfüllt mich mit Angelo zu beschäftigen und ihn zu betreuen. Ich habe mich dieses Menschen angenommen. Bei unseren Verabredungen habe ich gemerkt wie sehr er unter seiner psychischen Erkrankung leidet. Er hat sich das Leben wie ein römischer Senator genommen! Ich habe größten Respekt vor ihm. Er war so ein lieber Mensch aus reicher Familie. Er wollte eigentlich Tennisprofi werden.

Szene: mein Selbstgespräch nachdem ich mich an jene Vergangenheit zu Ende erinnert habe und sie im Lichte eines neuen Verständnisses betrachte.

Angsterfüllt, alleine und traurig bin ich schweigend vor 18 Jahren durch die Welt gegangen. Ich hatte keine Chance das auszusprechen, was mich zutiefst bewegte. Ich befinde mich in einer anhaltend traurigen Zeit. Es fällt mir ein, dass wir 1997 von den" Freunden" getrennt worden waren.

Ich hatte die Schuld bekommen. Es wurde von der Gesellschaft meine Liebe zu Angelo für Böse gehalten. In dieser Situation hielt ich selbst mich auch für schuldig und verhinderte die Offenbarung von Angelos wahrem Wesen.

Gerade fällt mir ein, dass er gesagt hatte, als wir und gerade kennengelernt hatten:

" Ich bin Daniel in der Löwengrube!" Das waren die Worte, die seine Situation beschrieben.

Es soll nun offenbar werden, was die Wahrheit um Angelo ist.

Ein i Ging Spruch lautet: was wirklich zu einem gehört, kann man nicht verlieren, auch wenn man es wegwürfe!"

Loved Ones in Heaven

Visits from your loved ones in Heaven, is an entirely different experience than that with ghosts and earthbound spirits. The main difference is that your loved ones in Heaven have crossed over into the light (Heaven) and have returned into direct presence with Source… They have received a great deal of healing, and their energetic being has been restored.

Once spirits have crossed over into the light, they are then able to contact you in the physical realm, with the help of your and their guides and guardian angels.

When a loved one visits you, you may sense, see, hear, feel or even smell their presence. My grandfather still carries the scent of his favorite cologne even though he exists solely in spirit now.

You may also feel a shift in temperature, or suddenly get the chills, as you suddenly think of you loved one, remember certain times you shared with them, or just get the sense they are with you, or watching over you from Heaven.

Ancestors and deceased loved ones may also contact you through a dream, or during meditation to bring you a message of love and encouragement.

Much different from the encounters with earthbound spirits and ghosts, visits from deceased loved ones can be beautiful, healing and positive experiences.

Spirit Guides and Angels

High vibrational spirit guides and angels on the other hand carry an incredibly high and light vibration, which may even make you feel a bit light headed or disoriented while you adjust to the increase in energy.

When angels come into your presence you may feel a shift in energy, notice a slight breeze, or you may even see a sparkle, orb, or flash of light keying you into their presence.

Your spirit guides and angels are always available to help, whenever called upon… But they will sometimes connect with you without your direct asking, in the cases of emergencies, or when you're in need of an encouraging hug energetically, to help protect and comfort you, or when someone else is praying for you and invites them in.

When angels, spirit guides, or ascended masters make themselves known to you, there is always a reason why. By quieting your mind and opening your heart, you can tune into their love, guidance and healing frequency.

Because angels are protectors, comforters, and healers who are in direct alignment with the Divine, being in their presence will help you to feel loved, uplifted, joyful, and comforted.

(Melanie Beckler)

Charakter des Angelo Markstein: zu Lebzeiten: ein Engel im Krieg

Lacht und verliert seinen Humor nicht, obwohl ihm vom Leben so übel mitgespielt wird

Spricht so geduldig und diskret über den Feind in den eigenen Reihen

Nach seinem Tod:

Ein liebevoller befreiter Geist, der sich mit all seiner Liebe und Hingabe bemüht, dass ich Sara glücklich und vor allem am Leben bleibe. Eine Wundergeschichte schickt mir Herzen, Träume, und schließlich die Aussage, dass wir das schon machen!

(dass wir uns wiedersehen, dass er zurückkommt)   mit irrer positiver und starker Musik untermalt.

Nach 1997:Szene: zuhause, beim Kaffeekochen:

So hat Angelo seinen Kaffee gekocht. Ich sehe, wie er den Filter ganz langsam und sorgsam mit wenig Kaffee füllt, gerade für 1-2 Schalen Kaffee) wie er bedächtig Wasser nimmt und einfüllt, und wie in Ruhe die Zeit vergeht bis der Kaffee fertig ist. Das Edle ist für mich, wenn in seiner Schale doch jedes Mal der kleine Rest übrigbleibt, als Symbol dafür, dass er nur so viel nimmt wie er unbedingt braucht!)

Überlastung Stress, auch die Mutter Erde. Ihre Unruhe begründet sich auch im Unglück der Menschen.

Dear friend, the lady emitting love in the film reminds me of my new experience. It is in white, and my spine is emitting butterflies, kind of things which are nothing but love itself. After so many years of meditating this is the first time I ve the feeling that I have found myself. Being and emitting that so lively and cooling and joyous act of even encompassing the whole earth and flowing through the world with these butterflies or bits of love. These are also like very light and white shining through moving wings out of my hearts on my back. This love itself I m sending to you
9. April 14:36

<u>Szene: mein Blick aus dem Fenster, wenn ich im Bett liege.</u>

Von meinem Bett aus sehe ich einen Schwarm Krähen über den Himmel nach

Norden fliegen. Es ist klar. Ich brauche es und habe es schwarz auf weiß.

Ich lege mein Herz in dein Herz- unendlich großes ewiges Alles!

(Freude breitet sich in meinem Herzen aus.) Ich bin die Liebe in dir!

Durch mich fühlst Du die Liebe zu Gott und zu Angelo.: Große Freude breitet sich in meinem ganzen Körper aus!!! (auch im Unter und Oberbauch) Die Augen werden mir vor Rührung feucht!!

Ich bleibe noch liegen und schenke meine Liebe allen mutigen Kämpfern auf der Erde und liebe sie mit der Liebe, die eins ist in der Liebe vom ewigen Alles. Viel, viel Freude durchströmt meinen Körper. Mit Tränen in den Augen erkenne ich, dass meine Aufgabe ist, die Liebe zu spüren und in Liebe eins zu sein.

Szene der Erfahrung des guten Endes: Harfenkonzert des irischen Harfinisten Georg Baum:

Am 25. Jänner 2015 habe ich das Bedürfnis die Liebe, die ich in so großem Maße in mir trage, zu teilen.

Ich sitze im irischen Harfenkonzert von Georg Baum im kleinen Theater in der Drachengasse. Es liegt zufällig gegenüber von der Kammeroper, in der die ganze Geschichte begonnen hat.

Wir hören reine Gebrauchsmusik. Herr Baum sagt uns vorab:" Verehrtes Publikum, lassen sie sich von der Musik tragen. Sie brauchen nicht zu klatschen. Die Musik vermag auf der Ebene des Herzens etwas zu bewegen."

Ich darf erleben, wie mein Herz durch diese einfachen und sich wiederholenden Akkordzerlegungen oder auch Zusammenklänge ein Gefährt bekommt, mit dem es überall wo ich will hinkommt. Erst fährt es in das Herz des ewigen Alles und liebt es!!!

Ich spüre es heftig und stark beglückend. Nun fährt es in die Herzen der Menschen, die ich liebe, die mich lieben, und ich liebe. Es fährt weiterund hinterlässt überall, wo ich auf dem Erdball hinkomme eine Spur von der Essenz der Liebe als Same, um, wenn die Umstände es erlauben würden, zu sprießen. Ich erlebe, wie das alles tatsächlich geschieht.

Ich fühle mich wie eine putzende Fee, denn ich sehe mich in jeden Winkel der Erde gehen, dort wo es verborgen und abgeschieden ist um den Samen der Liebe zu säen. Mein Herz fährt alles nochmals und ein drittes Mal ab. Die Samen der Liebe sind überall dort, wo noch Natur ist, Natürlichkeit und pures Leben können entstehen, wo ich die Samen der Liebe gesät habe. Immer wieder komme ich an dir geliebter

Angelo, vorbei um dich mit meiner Liebe einzuhüllen und ich kann dein Glück fühlen. Ich kann die innere Verbindung zu dir sehr deutlich spüren!!!

Mein Inneres erkennt während dieses Konzertes, dass ich selbst nichts als Liebe bin, die sich verschenkt und im höchsten Maße glücklich und zufrieden ist.

<u>Szene: mein Sohn ist schon 11 Jahre alt.</u>

Wir sitzen zu zweit am Abend in meinem Doppelbett und schalten youtube ein. Er möchte vor dem Schlafengehen gerne noch Mozart hören. Ich klicke eine fertige Zusammenstellung von den berühmten seiner Werke an. Zufällig ist es die Klaviersonate „Elvira Madigan"

Während wir diese Musik genießen kommen mir langsam die Gedanken an die Vergangenheit. Angelo war zu mir in die Wohnung gekommen. Damals hatten wir gerne Mozart CD s gehört. Er hatte mir damals gesagt, dass eines seiner Liebsten Mozartstücke" Elvira Madigan wäre.

Nun hören wir es wieder gemeinsam. Er sagt:" Mama, es kommt mir bekannt vor, aber gell ich habe es noch nie gehört!"

Ich zucke mit den Schultern, als ob ich es nicht wüsste. Ich muss sicherstellen, dass er eine schöne Kindheit hat und seine Erfahrungen machen kann, und dieses Leben als möglichst wunderbares Geschenk genießen kann.

Still beobachte ich das Wunder, wie dieser Mensch sich entwickelt. Ich liebe ihn. Er schläft neben mir ein. Ich höre noch einige interessante Aufnahmen von Friedrich Gulda, wie er Mozart spielt, dann schlafe ich ein.

Am nächsten Morgen wacht er auf, und sieht mich neben ihm im Bett liegen. Er sagt:" Es ist schön, neben dir zu schlafen."

Wir empfinden offensichtlich beide die Einheit, die zwischen uns herrscht und es ist dasselbe Gefühl, wie es mit Angelo war.

ENDE

Herstellung und Verlag:
BoD - Books on Demand, Norderstedt
ISBN 978-3-7392-3705-3

MIX
Papier aus verantwortungsvollen Quellen
Paper from responsible sources
FSC® C105338